国富新论

ON THE WEALTH OF NATIONS

翟玉忠 ◎ 著

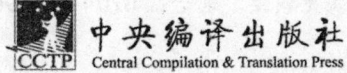

图书在版编目（CIP）数据

国富新论 / 翟玉忠著 . —北京：中央编译出版社，2013.12
ISBN 978-7-5117-1844-0

Ⅰ . ①国… Ⅱ . ①翟… Ⅲ . ①古典经济学—研究—中国
Ⅳ . ① F091.33

中国版本图书馆 CIP 数据核字（2013）第 250294 号

国富新论

出 版 人	刘明清
出版统筹	董 巍
责任编辑	邓永标
责任印制	尹 珺
出版发行	中央编译出版社
地　　址	北京西城区车公庄大街乙 5 号鸿儒大厦 B 座（100044）
电　　话	（010）52612345（总编室）　（010）52612371（编辑部） （010）66161011（团购部）　（010）52612332（网络销售部） （010）66130345（发行部）　（010）66509618（读者服务部）
网　　址	www.cctphome.com
经　　销	全国新华书店
印　　刷	北京瑞哲印刷厂
开　　本	710 毫米 ×1000 毫米　1/16
字　　数	260 千字
印　　张	12.75
版　　次	2013 年 12 月第 1 版第 1 次
定　　价	39.00 元

本社常年法律顾问：北京市吴栾赵阎律师事务所律师　闫军　梁勤
凡有印刷质量问题，本社负责调换。电话：（010）66509618

北京市属高等学校人才强教计划资助项目

目 录

总序　魏分归来，重返中国……………………………………………… 001

第一章　中国古典经济学之"经"——轻重之术

第一节　轻重之术达到了西方政治经济学无法企及的理论高度…… 012
一、用西学肢解中学的恶果 ………………………………………… 012
二、中国人如何看待和调节市场 …………………………………… 015

第二节　发达的市场经济成就了高度发展的政治经济学………… 019
一、欧洲中世纪社会"自给自足"到了什么程度 ………………… 019
二、两千多年前的秦汉时期我们就有了发达的市场经济 ………… 021

第三节　21世纪轻重之术并没有过时 ……………………………… 027
一、事物的发展总是有因有革，有常有变 ………………………… 027
二、美国长期以来仍然在用轻重之术 ……………………………… 032

第二章　从古礼到西方政治经济学——轻重之术的源与流

第一节　古代礼制本身就是一种政治经济学理论………………… 036
一、平衡有限资源与无限人欲矛盾的准绳——礼 ………………… 036
二、调节社会内部各阶层间平衡的"四民分业"理论 …………… 040
三、人类社会与自然间平衡的调节 ………………………………… 049

第二节　梦归大汉王庭　找回轻重之术 …………………………… 053
一、什么叫乘马 ……………………………………………………… 056
二、什么叫轻重 ……………………………………………………… 058
三、什么叫九府 ……………………………………………………… 061

第三节　轻重之术的沉沦与近代西方政治经济学的崛起…………… 063
　　一、历史定格于公元前 81 年 ………………………………………… 064
　　二、盐铁会议的缘起 …………………………………………………… 066
　　三、盐铁会议的始作俑者霍光 ………………………………………… 068
　　四、盐铁会议令人惊异的"蝴蝶效应" ……………………………… 070

第三章　市场经济本质再认识——轻重之术启示录

第一节　市场能够自组织，却不能自动实现均衡…………………… 076
　　一、市场是一种资源的配置方式和价格确定机制 …………………… 076
　　二、市场本身具有自组织功能，不需要政府组织 …………………… 078
　　三、市场不会自动实现均衡，需要政府及时干预 …………………… 082
第二节　市场调控的目标不是增长，而是均平…………………… 087
　　一、应化之道，平衡而止 ……………………………………………… 087
　　二、损有余补不足 ……………………………………………………… 090
　　三、轻重之术实现百姓均平的方式 …………………………………… 092
第三节　市场商品与货币双向调节的重要性………………………… 095

第四章　中国古典经济学轻重之术三原则

第一节　自然原则 ……………………………………………………… 103
　　一、人与天调，然后天地之美生 ……………………………………… 103
　　二、育之以时，而用之有节 …………………………………………… 107
第二节　均平原则 ……………………………………………………… 114
　　一、何谓均平原则 ……………………………………………………… 114
　　二、均平原则的具体政策 ……………………………………………… 117
　　三、伟大的常平仓制度 ………………………………………………… 120
第三节　储备原则 ……………………………………………………… 123
　　一、历史上的商品储备观念 …………………………………………… 123
　　二、与商品直接联系的货币发行 ……………………………………… 127
　　三、当代中国的货币理论和实践 ……………………………………… 130

附录一　翟玉忠先生的《国富策》让那些"大师们"心愧！…… 137
附录二　《国富策》回归中华传统经济智慧 ……………… 141
附录三　节制权力·节制资本·节制欲望（答乐由）……… 145
附录四　中国古典学术的幽灵在学界徘徊（驳胡飞雪）…… 155
附录五　中国古典学术体系不是落后而是先进……………… 169
后记　试论中国本土经济学的建设…………………………… 185

总 序

魂兮归来，重返中国

百年中国，是一个文化上丧魂落魄的中国。

人无魂，行尸走肉。国无魂，国将不国。

六十年前，伟人毛泽东向世界宣告：中国人民从此站起来了！中国终于走出饱受西方列强掠夺欺凌的悲惨境地，赢得了国家主权独立。

独立，一个人和一个国家多么宝贵的站立姿势。

六十年的和平，没有挨揍受欺了，来之不易。众多知识"精英"福不知福，以为和平本来自然。六十年中国人民辛勤建设，曾经如一滩烂泥任人践踏的国度，如今已成为具有一定物质经济实力的国家……

然而细观当下，中国依然在文化上丢魂失魄，没有自己的文化之魂。用时髦话语说，中国没有自己文化的"软实力"。政论学理，都是西方话语，一切皆以西方"普世价值"为归依。

文化上的无魂状态，导致了中国某些知识"精英"膜拜西方的文化迷狂。这是今日中国最凶险的祸根所在。

百年中国，何以丢魂？

鸦片战争，惊魂伊始。甲午战败，八国联军入侵，终于魂飞魄散。五四新文化运动打倒孔家店，荡然无魂矣。

中国文化"精英"自绝于自己文化，全身心拥抱西方文化，二十多年前的一套《走向未来》丛书，还有电视片《河殇》，可谓登峰造极。西方即"现代"，西方即未来。中国的文化"精英"们西向而跪，口中念念"走向未来"，"走向世界"，痴痴然神往西方，魂迷西方。

被人打败了就认人家文化高明，问题未必尽然如此。中国历史上，汉家王朝两次被外族打败，读书人们并无文化自卑。西方历史上，德意志诸邦，当初被拿破仑大军横扫，那里的文化人也无自卑，反而激起了他们去文化寻根，唤醒他们的"民族"意识，甚至面对侵略者涌出一种文化自豪和优越感（赫尔德等人的"文化民族主义"）。因此，纯粹的军事失败，不是造成中国读书人在文化心理上如此溃败的根本原因。

事实是，西历1500年以来，西方列强对非西方民族进行军事侵略、经济掠夺和种族灭绝（北美澳洲）的同时，还伴随一种"文化灭绝"政策。

这种文化灭绝，对弱势族群是直接剥夺其语言文化，代之以西方语言和宗教。而对中国和伊斯兰等更深厚悠久的文化，西方文化卫道士们编撰历史，采取了美化自己、污蔑对方的策略，诱使这些民族毁弃自己的文化，转而崇拜西方文化，心悦诚服地接受西方"普世价值"的统治。

整个一部我们今天在大学、图书馆和媒体读到的西方史或世界史，是**西方人虚构伪饰、然后向我们灌输的历史**。一部几百年充满血腥的西方暴发史，被美化成自古就高贵、自古就理性、举世野蛮我独文明的历史。

这是一部人类知识史上最大的伪史，其笔法叫"进步论"，也即人们熟知的社会进化论。西历1780年左右，社会进化论在西方出现之时，即是西方文人编撰伪史之始。

根据社会进化的学说，西方文明上接古希腊文明，继而文艺复兴，进步最快,最先到达"现代"。全世界独有西方历史是文明历史,照耀着文明、理性的光辉,其余人类,包括中国,皆处于蒙昧、野蛮、停滞的黑暗状态,需要西方文明去"普世"。这就是西方向全世界芸芸众生一直灌输的"正史"。

百年前,在中国被西方列强百般欺凌的悲风凄雨中,严复将社会进化论——"天演论"引入了中国,从此社会进化论一统中国知识界天下。社会进化论衡量一个社会的标准,是物质技术、经济基础或生产力的水平。一个社会的物质经济水平高,其文化就先进。物质经济水平低,其文化也落后。中国物质既水平低,文化必"落后",历史也"专制"。中国读书人开始自认愚昧、落后、劣根。

更有甚者,中国读书人还反用了社会进化论:**是中国文化的落后,才造成中国政治、军事、物质经济的整体落后。**

百年来,正是社会进化论给中国人带来的文化自卑感,根本地诱使中国人丢掉了自己的文化之魂。社会进化论已成为中国知识分子真正的精神鸦片,深度熏毒在朝在野的中国知识精英,致使今日中国在文化上依然没有站起来。

对这部西方伪史,一些有正义感的西方学者早已进行批判。五十年前,法国文化人类学家克洛德·莱维-施特劳斯"(Claude Levi-Strauss),揭露社会进化论独尊欧洲文化"进步",别人"停滞不动",实质上是欧洲"种族中心主义"(《种族与历史》)。

最近国内出版的英国历史学家约翰·霍布森(John M. Hobson)的《西方文明的东方起源》[1],也大破欧洲中心主义历史观,以翔实的史料告诉我们:西历500~1800年期间,是一个"东方全球化"时期,东方文明主导世界。

---

[1] 约翰·霍布森:《西方文明的东方起源》,孙建党译,山东画报出版社,2009年。

中华文明和伊斯兰文明在农业、工业、科技等方面长期领先于西方。

西方文明不是象孙悟空那样从石头缝里自己蹦出来，自生自长，而是受到了东方文明的滋养。被奉为西方历史文化源头的古希腊文化，也非当地原创，而是深受东方文化和古埃及文化的浸濡。毕达哥拉斯的数学和几何学定理，渊源于古伊拉克。美国康奈尔大学教授马丁·贝尔纳1987年出版的《黑色雅典娜：古典文明的亚非之根》[1]，更是明确指出：雅典文化不是当地原生，而不过是古埃及文化的辉映和传承。古埃及对于雅典的影响，就像中国对于日本的影响。

学者何新最近撰文，《没有"古希腊哲学"，只有古中东哲学》，指出今天被认作是"古希腊哲学家"的，几乎都属于今日土耳其的亚洲。所以，希腊也不过是西方最靠近东方、吸收东方文明的一个窗口。

航海技术本是中华文明的发明，伊斯兰也做出重要贡献。伊斯兰航海家伊本·马吉德，早在葡萄牙人达·伽马之前就绕过好望角，沿西非海岸进入地中海。达·伽马去印度，也是一位伊斯兰人做领航员。近年更有英国前海军领航员孟席斯（G. Menzies），考证出郑和不仅到达东非海岸，还绕过好望角，在西历1421年到达美洲。[2]

中国在宋代就发生了一场工业奇迹和军事技术的革命。中国的钢铁产量，甚至印度的钢铁产量长期领先于欧洲。"1788年英国的钢铁产量，仍低于中国在1078年的水平。"（霍布森）西历1600年以后，随着西方耶稣会士来到中国，将中国发明的马颈轭挽具、铁制铧犁、风车、条播机等传回欧洲，引起了欧洲的农业革命。英国的"工业革命"，也有技术上的"中国起源"。

西欧地区长期作为世界文明圈的边缘和后发地区，大量吸收借取了

---

[1] 马丁·贝尔纳：《黑色雅典娜：古典文明的亚非之根》，郝田虎、程英译，吉林出版集团有限责任公司，2011年。
[2] 加文·孟席斯：《1421：中国发现世界》，师研群译，京华出版社，2005年。

中华文明和伊斯兰文明的成果和科技恩惠。意大利的"文艺复兴"不只是从阿拉伯文献中发现了古希腊文化，而是同时大量吸收阿拉伯科技知识。哥白尼的日心说，不仅古埃及著作早已有之，伊斯兰学者沙蒂尔（ibn al-Shatir）在之前 150 年也已提出。**许多被当作西方独创的科技成果，其实都借取自中华文明和伊斯兰文明。**只是在最近两百年，西方消化改进其他文明的科技成果，后发优势实现科技领先，尤其靠了帝国主义军事征服和殖民掠夺，才暴发起家。

西历 1500 年前后，西方正史称意大利发生了一场"文艺复兴"运动：复兴古希腊古罗马文化。其实当时的西欧，与古希腊八竿子打不着。时间上，古希腊文化湮灭已久，典籍流落在阿拉伯的图书馆里。地理空间上，希腊地处东方的拜占庭帝国。古罗马文化在意大利，早已覆灭于入侵的"蛮族"（今日西欧诸国的真正祖先）。[1] 基督教对古希腊古罗马"异教文化"也长期采取严厉的毁灭政策。

因此，所谓的西欧"文艺复兴"，实际上可谓一个**文化认祖事件**——指认古希腊作为自己历史文化的始祖。其风马牛，好比唐朝李姓皇帝因有胡人血统，硬要攀认一千余年前姓李的老子为祖宗，而把老子到李姓皇帝中间一大段空白叫"中世纪"。

文艺复兴之所以从意大利开始，正是因为意大利最靠近东方，是野蛮欧洲窥望东方的一个窗口。当时的意大利人，从阿拉伯和拜占庭的文献里，惊奇地发现古希腊文化有"以人为本"的思想，于是借古希腊来要求"以人为本"，因为当时的西欧非常不"以人为本"。

---

[1] 古罗马人把边界外的日耳曼人称为野蛮人，"蛮族"。西欧原先居民主要是凯尔特人。后来迁徙来了哥特人、汪达尔人等日耳曼"蛮族"。英国和德国的盎格鲁-撒克逊人属于日耳曼人，法国祖先法兰克人也是日耳曼人的一支。西班牙葡萄牙的祖先较杂，有哥特人、汪达尔人和其他民族。所以说，今日西欧诸国的真正祖先都是"蛮族"。

在这所谓的"中世纪",西方教会严酷,邦国林立,强盗横行,瘟疫蔓延,民不聊生。那一轮又一轮的十字军"东征",可谓打着宗教旗号,一次又一次西方"倭寇"到东方来烧杀抢掠,到处屠城。那些邦主国王,常常是一些强盗头目。(直到英国伊丽莎白女王,还跟海盗合伙做生意,人称"海盗女王"。)农民们只好依附有城堡保护的贵族领主当农奴。中世纪封建制下的农民是一些真正的奴隶。绝望之下,宗教盛兴。所以当时欧洲人到处都拼命垒石块,建造向上天飞升的哥特式教堂。

西历1450年前后,欧洲西部几百个野蛮小邦国,从意大利开始,借助东方阿拉伯文献,攀认已死灭的古希腊文化,终于开始了自己的文明历史。

把长达一千年的时间都叫做"中世纪",是不是有点太长了?硬攀别人为始祖,究竟有些牵强。如果没有开头,也就无所谓"中世纪"。因此**在相当意义上,西方的文明历史,仅仅开始于西历1450年前后向东方文明的学习**,迄今不过500多年,开始于中国明朝中叶。但西方拿了别人的东西,西方人写历史全然不承认。

而中国文化,尽管有种种弊端,但是一个非常早熟的文化。智慧,中庸、圆融,不走极端,极其人情人性,并历久不绝。中国的历史,大体上是一部相当文明的历史。中国大体上没有西方社会长期存在的奴隶制(美国这样的新生国家当初不仅有黑奴还有白奴),正说明中华文明的"人道"。

中国文化把"和"字推到至高无上。道家与天和,儒家与人和,佛家与己和。人与自然、与社会、与自己,天人合一,万物"共和"。"太和"成为中国皇宫主殿的名字,意味深长。

中国的政治、经济、社会管理思想,早在先秦就已显示了高度的智慧。荀子和孟子的"为民"(民本)政治学说,是人类政治文化中的奇葩,,于今依然影响着中国的政治现实。荀子把君民关系比作舟水关系,"水之载舟,水之覆舟",千古妙喻。一部《孟子》,已把君与民、政府和百姓的政治关系说透讲绝。

管子的"轻重"之术,旨在国家的经济管理,是"政治经济学"的瑰宝。政府储备粮食的"常平仓"制度,堪称一项伟大的经济管理的创举。秦朝就完成的中央集权政制(郡县制),本是非常"现代"的社会管理形式,西方只是到了现代民族国家才告完成。选贤与能的科举制,摧毁了贵族世袭,平民也能进入社会高层,使得中国社会长期享有广泛的社会平等。明朝内阁,是西方现代内阁政府的模仿原型。西方现代公务员制起源于模仿中国科举制,更是为西方学界所公认。

中国的诗文之丰富,汉语之精妙,无与伦比。中国艺术之精雅,丝绸陶瓷之高贵,园林建筑之优美,都是人类智慧的杰作。

西历18世纪,西欧诸国盛行"中国风"。中国是整个西欧社会神往的人间天堂,就像今天芸芸国人神往美国一样。不仅中国的茶、丝绸、陶瓷、中国式"花园"风靡英法,而且中国社会的"开明君主"、文人当政、社会平等、宗教宽容等,也对西方启蒙运动提出"理性"的概念,批判宗教不宽容和君主专制,发生重大影响。法国哲人伏尔泰崇拜孔子,把孔子像供于书房。另一法国哲人魁奈,人称"欧洲孔夫子",尤其崇尚中国"无为而治"的思想,将"无为"翻译为"放任"(laissez-faire),后来该词风行英语世界,成为英国亚当·斯密和边沁的"自由主义"的直接来源。

在西历1780年之前,西方人一直崇拜中国文化。只是在西历1780年之后,西方文人逐渐生起西方文明优越感,抛出各种版本的欧洲中心主义。进步论(社会进化论)宗师孔多尔塞,明确把英法两国作为人类最"进步"的文明。进步论的另一重要人物黑格尔,也把中国说成是在"历史"之外,没有进步,一个"停滞的帝国"。马克思继承了黑格尔,也把中国描述成落后的"亚细亚生产方式",归入"东方专制主义"。

整个西历19世纪,西方一片欧洲中心主义论调,全世界只有西方"进步"、"文明"，其余世界，伊斯兰、中国、印度、日本等地，都是蒙昧野蛮。中国被描绘成停滞、封闭、专制，中国人也是一副愚昧、迷信、邪恶、劣根的形象。

可悲的是，近代某些中国知识精英，全盘接受了西方灌输的西方"文明"、东方"专制"的伪史说法，痛感中国文化的"劣根性"，全面否定中国文化，要求全盘西化。

西方帝国主义新秀美国，为了在文化上影响控制中国，深谋远虑在中国大办教育，并用庚子赔款的一半来培养中国留学生，一百多年来在中国培养了一代又一代亲美知识精英。这些精英把美国看作人类正义、道德的化身，全然不知美国在世界上好话说尽、坏事干绝。美国当年对印第安人搞种族灭绝，蚕食墨西哥，侵占菲律宾，甲午战争美国帮助日本打败中国，抗战初四年美国也向日本出口钢铁和航空汽油，援助日本侵略中国，如今又打伊拉克占阿富汗，在南海挑事……去看看美国麻省理工学院教授乔姆斯基（N. Chomski）对美国累累恶行、斑斑劣迹的揭露吧！只是这些恶行劣迹绝少出现于世界和中国的主流媒体。

二战以后，西方（美国）主流媒体，延续了西方中心主义老调，换成西方"自由民主"、东方"专制独裁"的冷战说法。中国的亲美知识精英，只会重复西方主流媒体颠覆苏联、中国的文化战舆论，对中华民族伟大的民族英雄毛泽东、对中国革命、对新中国前三十年的建设成就百般造谣抹黑。对抗美援朝这场中华民族第一次主要凭自身力量打败西方列强的伟大立国战争，长期实施媒体静音，不许纪念和赞扬，唯恐得罪了美国。

这些知识"精英"，亲美国之所亲，仇美国之所仇，一如既往地文化自卑，文化自虐，只会几十年如一日叨叨西方"民主"中国"专制"的陈词滥调，无视中国文化与西方文化巨大的文化历史差异。这些宣称要对中国百姓启蒙的知识"精英"，自以为"独立思想"，其实是被美国颠覆中国的文化战舆论所洗脑，陷于一种真正的**新蒙昧主义**。

中国文化并不落后,更不"劣根""专制"。中国文化的核心概念——仁、义、为民,可以对等西方文化的核心概念——人权、自由、民主,双方并无高下优劣之分。"为民"和"公天下"的中国式大一统中央集权,是中国政制的根本铁则,善莫大焉。简单将其等同于"专制"、"极权",并无理论和事实的根据。

人必自侮而后人侮之。一个在文化上自侮的民族,是永远没有希望的。中国人再也不应该无知地轻贱自己文化,膜拜西方文化。如果今天的中国人还不能真正反省百年中国的文化自卑,反省百年中国在文化精神上丧魂落魄,那将是我们的失责和罪过。

整个我们对西方"正史"、对中国自己历史的知识体系,应当推倒重来。

新中国已过了60年一个甲子,应该有一个历史的转折了。

面对新蒙昧主义笼罩的中国知识界,本丛书试图重新肯定中国文化的价值,重新发现中国文化的智慧,同时揭示西方历史和社会的真相。

魂兮归来,重返中国!只有重返中国文化的源流,在文化上站起来,中华民族才能真正复兴。

中国被西方教化日久,重归自己的精神家园、重续自己的文化根脉,一定充满困难曲折。但归故乡之路,必定亲切,充满了惊喜……

河清　庚寅仲夏于杭州

第一章

中国古典经济学之"经"
——轻重之术

第一节　轻重之术达到了西方政治经济学无法企及的理论高度

一、用西学肢解中学的恶果

中国历史上有西方文化中那样完整的政治经济学体系吗？

答曰：有，就是中国古典经济学之"经"——中国轻重之术。

在中国传统文化中，人们把那些能够垂范千古的著作称为经；正是这些经典之作，奠定了中华文化的初基，其思想价值和实用价值能经受时间的风雨，历久而弥新。

除了代表周代文化元典的五经——《诗经》《尚书》《礼记》《周易》《春秋》，在不同的领域内，都存在着经，比如医学中的《黄帝内经》、数学中的《九章算术》等。在政治经济学领域也存在着类似的经，这就是轻重之术，其核心经典保存在《管子》里面的轻重十六篇之中。

《管子》是先秦一部重要典籍，在中华文化中处于核心地位。为什么这样说呢？因为《管子》一书是集中华文化之大成的黄老学代表作。

什么叫"集中华文化之大成",就是中华文化发展到东周时期,百家争鸣,到了战国秦汉时期,百家又被重新整合了起来,这就是黄老学,时人也称为道家。请注意,这里说的道家与后来的道教并不相同。

司马谈(大史学家司马迁的父亲)曾在汉武帝时任太史令,学识渊博,熟悉当时的学术生态。他在《论六家要旨》中用简明的语言阐述了黄老之学是如何集成百家的。他指出道家的特点是能够让人精神专一,行动合乎无形之道,从而使万物丰足。道家依据阴阳家关于四时运行顺序之说,吸收儒墨两家之长,摄取名、法两家的精要,随着时势的发展而发展,顺应事物的变化,树立良好风俗,应用于人事无不适宜,意旨简约扼要而容易掌握,用力少而功效多。(原文:道家使人精神专一,动合无形,赡足万物。其为术也,因阴阳之大顺,采儒墨之善,摄名法之要,与时迁移,应物变化,立俗施事,无所不宜,旨约而易操,事少而功多。)

因此,作为公认的黄老学经典,中国古典经济学之"经"——轻重之术保存在《管子》中也就不足为奇了;黄老学集中华文化之大成,如果在其中没有政治经济学,反倒让人觉得奇怪了。

令人感到遗憾的是,自19世纪末20世纪初西学以势不可当的势头涌入中国以来,中国学界已经习惯于用西方学术切割中国本土学术,结果中国本土学术都成了死的历史文物,从国人千百年来安身立命的礼义之学到中国人自己的政治经济学轻重之术都是这样。

清华大学人文学院历史系的方朝晖教授多次指出，忽视中西学术思维方法和内在理路上的根本差异会带来严重的恶果，不仅不能引入西学，还会糟蹋掉中学，使中国本土学术成为与现实无关的"空中楼阁"。他比较了中西学术的重要不同之处后指出："中国古代学术有'以学治天下'的传统，而西方社会科学没有此一传统，忽视这一事实是一系列错误产生的重要根源。如果说西方社会科学是一种'求知'的学术，中国古代学术则是一种'做'的学问；前者是一种理论的兴趣，后者则是一种实践的兴趣，前者超越于实用的关怀之外，后者则以'以学治己''以学治人'及'以学治天下'为宗旨，即一切都以实用的关怀为出发点和核心……正是这些思维方式和内在理路上的根本区别，必然地决定了中学与西学各有自己完整自足的分类体系，无论用西学分类体系来分割和整理中学还是用中学分类体系来统摄和权衡西学，都是错误的、站不住脚的。"[1]

无论在理论上还是在实践上，中学与西学都可以相互借鉴，但绝对不能将两种学术体系以一方为参照系，分割另一方。那样做的结果不是保存发扬学术，而会导致有机的学术体系被连根拔起——这是21世纪中国学人整理国故给我们的最为深刻的教训！

试看今日之中国大学：

---

[1] 方朝晖：《学统的迷失与再造：儒学与当代中国学统研究》，陕西师范大学出版社，2010年版，第42页。

有中文系，有多少人还能写生意盎然的古体诗；

有历史系，怎么我们连给上个时代写史的传统都继承不下来；

有伦理学，然而适合中国人心智特点的伦理体系又在何方；

有经济学，我们的主流经济学家不仅不能解释中国经济发展现实，更不能为中国经济改革提供思想资源；

……

这里，我们所作的，不是用西方学理"研究"轻重之术，而是按轻重之术的内在理路，将中国本土政治经济学和盘托出。读者将会发现，中国古典经济学轻重之术完全能够同亚当·斯密的《国富论》、马克思的《资本论》和凯恩斯的《就业、利息与货币通论》相媲美，在有些方面，其理论甚至达到了西方这些政治经济学元典无法企及的理论高度。

二、中国人如何看待和调节市场

比如在对市场本质的认识方面，同西方经济学一样，《管子》的作者认为市场是商品交换、资源配置的场所，是形成价格的机制。但同时认为，**市场有自组织功能，却不具有自动实现均衡的功能，所以需要政府这只看得见的手去调节，以实现其动态平衡（不以增长为直接目标）**。也就是说，市场中除了有"看不见的手"在起作用，还要有"看得见的手"起作用。至于如何调节市场，《管子》的作者多采用商品和货币双向调节的方法，比较现代西方货币主义仅仅用货币调控市场（今天美国政府甚至通过极端不负责任的印刷美元的野蛮掠夺方式），显然要先进得多。

那么如何实现市场的宏观调控呢？关键是政府通过大量储备，牢牢控制住农业时代最主要的商品粮食和货币。《管子·国蓄第七十三》的作者以形象的语言写道："五谷食米，民之司命也；黄金刀币，民之通施也。故善者执其通施以御其司命，故民力可得而尽也。"《管子·轻重乙第八十一》几乎以相同的语言写道："故五谷粟米者，民之司命也；黄金刀布者，民之通货也，先王善制其通货以御其司命，故民力可尽也。"

市场双向调节的具体方法是《管子·国蓄第七十三》讲"据有余而制不足"，就是当市场上物资不足时，把储备的东西卖出去，当市场上物资过剩时，把市场上的商品收购起来储备。物资有余人们就肯低价卖出，政府则以低价收购；物资不足人们就肯高价买进，政府应该以高价售出。用低价收购，用高价抛售，这样政府不仅取得了大量的财政收入，还使得市场得以稳定，防止了商人过度投机，可谓国与民、公与私两利。这是中国理财之术的关键，也是西方经济学所欠缺的。现代西方只能看着大资本垄断整个社会，将整个人类推向资源枯竭、生态崩溃的深渊。《管子·国蓄第七十三》上说：善治国者总是在民间物资不足时，把库存的东西供应出去；而在民间物资有余时，把市场的商品收购起来。民间物资有余就肯于低价卖出，故君主应该以低价收购；民间物资不足就肯于高价买进，故君主应该以高价售出。用低价收购，用高价抛售，君主不但有十倍的赢利，而且物资财货的价格也可以得到调节后的稳定。轻重之术的巨大利益，就在于先用较低价格购取廉价的商品，然后再用较高价格销出这些平价的物资。各种物资的余缺随季节而有不同，注意调节则维持正常不变，失掉平衡那就价格腾贵了。人君懂得这个道理，所以总是用平准措施来进行掌握。使拥有万户人口的都邑一定藏有万钟粮食和千万贯的钱币；拥有千户人口的都邑一定藏有千钟粮食和百万贯的钱币。春天用来供应春耕，夏天用来供应夏锄。一切农具、种子和粮食，都由国家供给。所以，富商大贾就无法对百姓巧取豪夺了。（原文：故善者委施于民之所不足，操事于民之所有余。夫民有余则轻之，故人君敛之以轻；民不足则重之，故人君散之以重。敛积之以轻，散行之以重，故君必有十倍之利，而财之橆可得而平也。凡轻重之大利，以重射轻，以贱泄平，万物之满虚随财，准平而不变，衡绝则重见。人君知其然，故守之以准平，使万室之都必有万钟之藏，藏繦千万；使千室之都必有千钟之藏，藏繦百万。春以奉耕，夏以奉芸。耒耜械器，种饟粮食，毕取赡于君。故大贾蓄家不得豪夺吾民矣。）

西方文化中缺乏上述这种阴阳（轻重）辩证的思维方式，缺乏从为国理财的整体看问题的角度。他们习惯于以线性、局部的方式思考问题，在不同利益集团的角逐中，常常将市场调节与政府计划、商品与货币截然对立起来讨论，这就是他们的文化长期以来没有产生轻重之术的原因之一。

当然，国人自己也有可悲之处，就是守着这样伟大的政治经济学理论，而不知！而不用！国人已经习惯于向西方市场经济看齐，甚至不惜以"拆了故宫建白宫"的愚昧方式学习西方。对于不断上涨的油价房价他们只是咒骂，对于跟不上通货膨胀的工资涨幅他们只是抱怨，对于贫富不均他们似乎已经习以为常。

这是中国知识界的耻辱，是中国所有人的悲哀……

读到这里，受西方线性进化思想长期影响的读者脑海中会自然浮现这样一个问题：如果不是出于著者浅薄的妄自尊大或狂热的民族主义，中国两千多年前何以能够出现这样高度发展的政治经济学著作？只是因为思维方式的不同吗？难道西方不再代表先进和现代，中国不再代表传统和落后了吗？

要知道，至少在两千多年前，中国就已经出现了发达的市场经济。发达的市场经济成就了高度发展的政治经济学——轻重之术。

第二节　发达的市场经济成就了
　　　　高度发展的政治经济学

一、欧洲中世纪社会"自给自足"到了什么程度

现代人文学术是建立在西方殖民话语之上的。其主要表现为西方中心论，西方被认为是人类发展的高级阶段，较之西方文明，其他文明都是落后的或停滞的，无论是落后于野蛮状态还是停滞于封建社会，客观上都需要西方殖民者去"拯救"，通过这样的逻辑转换，西方野蛮的殖民就取得了政治合法性。

按照这种西方中心论，与现代西方商业社会不同，几千年来中国仍然停滞于封建时代，西欧中世纪封建社会是自给自足的自然经济，所以中国也一直是"自给自足的自然经济"。对于西周以来中国就是统一王朝并一直存在高度发展的市场经济的事实，学者们则视而不见。

当然这种情况也不可一概而论，也有"睁开眼睛看中国"的有识之士在，比如学富五车的钱穆先生就曾在他的《现代中国学术论衡》一书中明确指出："中国文化传统既与西方不同，则中国社会状态亦自当与西方有异。今国人乃率据西方社会学来观察评论中国社会，则胥失之矣。如言西方为商业社会，中国为农业社会，不知中国社会之工

商业积两三千年来，皆远胜于西方。直至近代西方科学发达，情况始变。而中国始终不能有资本主义之产生，则为中西双方文化之大相异处。国人又称中国为封建社会，则又大谬不然。中国社会两千年来，工商业皆极盛，何以终不产生资本主义，此乃一大问题，可自上层政治措施上论，亦可自下层社会情态上论。"[1]

那么，究竟欧洲中世纪社会"自给自足"到了什么程度呢？这对于数千年来习惯于市场经济的中国人来说简直是无法想象的。比如，一个庄园（村子），除了隶农和农奴，还有铁匠、木匠、车夫、磨坊、兽医、酿酒师、理发师、牧师，能够完全与外界隔离而独立生存。这是一种地区性的专业化，几乎完全没有市场交换，也没有货币的使用，许多人一辈子也没有用过货币。由于缺乏工商活动，甚至国王和政府官员也必须搬到乡下的庄园巡回就食，就是将自己的地产分为若干庄园，带领家人随从于每个庄园停留若干时间，把那里一年的收获物消耗完后，再转移到另一处就食。

美国中世纪史专家詹姆斯·W.汤普逊在其《中世纪晚期欧洲经济社会史》曾经这样描述12、13世纪的欧洲封建社会："从经济和社会角度看，12、13世纪的社会是由俗界和僧界大封建土地贵族所组成。而教会是其中最大的土地所有者。当时不是'货币经济'时代，而是'自然经济'时代。在此时代中，有产阶级的生产几乎不超过其自身的需求，几乎不消费任何非本地生产的物品。市场权、税收权和铸

---

[1] 钱穆：《现代中国学术论衡》，生活·读书·新知三联书店，2001年版，第230页。

币权进一步充实了封建领主的财源。这个富有的有产阶级除土地之外还拥有另一类财产，即家用金银器皿、教会金银器皿、金条、窖藏金币和珠宝等。教会的这类财产特别丰厚。但是，它是闲置的财富，既不投入流通，也不用于生产。"[1]

二、两千多年前的秦汉时期我们就有了发达的市场经济

反观中国，早在两千多年前的秦汉时期我们就有了发达的市场经济。**当时中国市场经济高度发展的原因，除了精耕农业产生的剩余劳动产品，主要还有如下两个原因：一是依托于全国道路网的市场网形成了庞大的商品逐级集散机制；二是贱金属货币铜钱的大量使用，将社会上最大多数人口卷入到市场经济之中。**

与西欧长期处于粗放的农业状态相反，中国的农耕技术在周朝就已经十分发达。今天，从追述西周政制的《周礼》等古籍中，我们还能看到当时已经有了相当先进的耕作和选育种知识。战国时期，中国的农耕技术取得了进一步发展，比如成书于战国后期的《吕氏春秋》一书中有《上农》《任地》《辩土》及《审时》四篇"农书"，其内容包括如何选种、精耕细作、合作轮种、防止虫害、施肥等，足见当时耕作技术之发达。

秦汉时期，中国就有了集约化的精耕农业，这大大提高了土地的

---

[1] 詹姆斯·W.汤普逊著／徐家玲等译：《中世纪晚期欧洲经济社会史》，商务印书馆，1996年版，第11页。

产出，为市场经济的发展奠定了物质基础。美国匹兹堡大学教授、历史学家许倬云在《汉代的精耕农业与市场经济》一文中论证指出："汉代农夫显然已掌握集约耕作的技术和知识，可以合理有效地连续使用土地，而不须休耕……集约农作可利用妇女与儿童从事较为不劳累的工作，如除草、除虫、施肥之类。同时集约农作要求长期而继续的工作。是以集约农作既可减少季节性的劳力闲置，又可使次级劳动力也投入生产。一年多作更缩短了土地休闲的时间。然而，中国的北方究竟有相当长期的霜期。汉帝国的核心区域为关中与中原，冬季颇长，生长季节大受气候的影响而缩短。于是一岁之中，到底免不了有劳力需求分布季节性不均匀的现象。春耕秋获，最为忙碌。而冬季则不失为闲季……闲季中主要劳动力（男性）及全年中未完全使用的次要劳动力（女性及儿童）都可有相当的时间从事其他非农业性的工作。凡此多少吸收了一些季节性的闲置劳力。其成果不是农业活动的间接支援，即是生产可出售的货品。"[1]

精耕农业和农舍手工业催生了高度发展的市场经济。许倬云继续写道："上面讨论的农舍生产无疑会由近村贸易逐步发展为一个贸易市场网，其网络足以联系若干分散的聚落，使当地交易构成一种市场性质的农业经济。"[2]

事实上秦汉时期中国经济的市场化程度高得惊人，《中国税务》杂

---

[1] 许倬云：《求古编》，新星出版社，2006年版，第554~555页。
[2] 许倬云：《求古编》，新星出版社，2006年版，第555~556页。

志社综合研究组研究员王小强先生得出的结论是：汉代一般小农之家，其收入中有近三分之二来自市场交换；他近乎愤怒地抨击了将中国古代硬说成欧洲封建社会自给自足经济的观点，他说："两千多年前，'标准小农在种粮食而不是经济作物的情况下'，三分之二'都要进入市场流通领域。'如果考虑到不太'标准小农'，再加上丝绸、棉花、茶叶、烟草、陶瓷、花卉、烧炭等产业，史料大量记载，成村、成乡、成地区，几乎100%的专业化商品生产，'量变'足矣发生'质变'了，怎么能和封建西欧不加分别，囫囵吞枣，楞说中国古代也是自给自足的自然经济呢？"[1]

中国自两千多年前就已经不是由彼此独立、自给自足的村落组成的"传统社会"，而是一个几乎将全社会所有成员融入全国性市场网的农业性质的市场经济。与中国的文字一样，这张无所不在的市场网是维系中国长期统一的重要力量。它历经千载，颠补不破，主要得益于如下两个因素：

首先是依托于全国道路网的市场网形成了庞大的商品逐级集散机制。这个道路网可以追溯到战国时代，据《史记·货殖列传》，当时的全国道路网以长安与荥阳为两个中心，延四面八方展开。如下图所示：

---

[1] 王小强：《最发达的市场经济》，《香港传真》，2011年1月31日号，第41~42页。

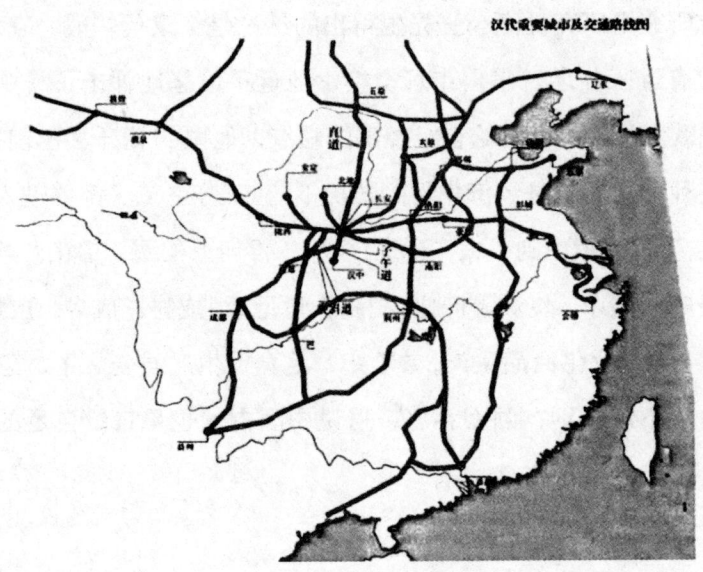

图片源自许倬云:《万古江河:中国文化的转折与开展》,上海文艺出版社,2006年版,第82~83页。

秦汉时期的大都市,全都坐落于联络各地区的大小干道上。许倬云描述道:"汉代的大都市,全都在这一网络的干线道路上。由干线分叉,则是各地区性的道路网络,例如成都平原即有其以成都为中心,辐射四方的道路网。这些道路上的连接点或终点,即是郡、县所在的城市。在各地的城市,又各有其道路网,联系各处的乡聚。乡聚之下,又有分路叉道,通往大小农村……中国各地,经由市场网,有商品的集散与流通,市场网依附于道路网,以经济交换之功能,将中国凝聚成为一个难以分割的经济共同体,其整合的坚实,竟可超越政治权力的统合。"[1]

---

[1] 许倬云:《万古江河:中国文化的转折与开展》,上海文艺出版社,2006年版,第84页。

其次是中国秦汉发达市场经济的形成和发展同样得益于金融上的创新,即贱金属货币铜钱的大量使用,这可能是20世纪70年代纸币脱离金本位制以前最伟大的金融创新。

考古发掘和古籍记载都可以证实,我国在战国时代已有大量的铜制货币周流中国各地,铜币的使用一直持续到清代。李锦彰先生指出:"中国不仅最早只选用铜作为币材,而且从殷朝开始直到清朝中期的数千年漫长岁月中,金属铜一直持续不断地作为中华帝国的主要货币材料,这在世界货币史上是鲜有的。金、银、铁是在铜作为币材选择之后,作为辅助币材被使用的。黄金可能是进入铁器时代后,以它特有的稀缺性和充当储藏价值的适当性一直也作为货币使用,但一直没有像欧洲等世界其他民族或国家那样在相当长的时期将其作为货币主体。"[1]

与古代西方商品交换多用金银不同,铜币可用于小额贸易,能够将包括乞丐在内的最大多数民众卷入到全国性大市场之中,这是中国市场经济得以长期繁荣的关键,也是西方市场经济长期不发达的"金融瓶颈";不幸的是,正是因为中国人用铜钱,马克斯·韦伯在他的《中国的宗教》一书中就断言中国货币经济不发达,这完全是出于坐拥书城的学者对现实世界的无知。早在1860年就来华的英国传教士麦高温曾经深入考察过中国社会,他在1909年出版的《中国人生活的明

---

[1] 李锦彰:《货币的力量》,商务印书馆,2004年版,第31页。

与暗》中这样描述作为中国通货的铜币:"对大多数中国人来说,真正的流通货币是铜币。银两则被称为贵族货币,因为大宗买卖都是用银两来计算的,比如用于国家的税收、数额巨大的账目以及土地的买卖等。在重大的政治交易中,涉及的金钱数额十分巨大,也只有银两才被作为双方认同的货币……铜币则只能算是平民货币了。它是穷苦人的伙伴,即使是个乞丐,他的口袋里也会有几枚硬币。"[1]

麦高温不是经济学家,但他却比马克斯·韦伯更懂得经济学,因为只有重金属的大量使用才会阻碍市场经济的发展,只要稍稍了解西方金融史的人都会明白这一点。王小强旁征博引,谈到西方金融上的落后时这样写道:"据此推断,西方古代用金币交换商品,属于少数上等人的交易,属于'以王公为中心的货币经济。''他们的货币实际上没有深入民间;即到近代,还有许多人终生没有见过一次金币'……'第一个相对精确而又能保持重量的货币,就是1252年以后着名的佛罗伦萨金币。'后来英国皇室瞅着威尼斯发财眼热,三次引进金币,三次失败。'由于穷人的全部家当加起来还值不了一块金币,他们极有可能一辈子也用不上这样的金币'。西方'在技术意义上真正可靠的铸币只溯自17世纪末'。"[2]

中国何曾有"自给自足的自然经济"?生产足够用于交换的剩余

---

[1] 麦高温著/朱涛,倪静译:《中国人生活的明与暗》,中华书局,2006年版,第181页。
[2] 王小强:《最发达的市场经济》,《香港传真》,2011年1月31日号,第21~22页。

产品的精耕农业、农舍手工业、遍布全国的市场网、铜币的长期大量使用，使中国早在两千多年前就产生了高度发展的市场经济，并在高度发展的市场经济的基础上，产生了高度发展的中国古典经济学——轻重之术。

发达的市场经济成就了高度发展的政治经济学，这是势所必然！

第三节　21世纪轻重之术并没有过时

一、事物的发展总是有因有革，有常有变

如同中医中的《黄帝内经》在两千多年后的今天仍没有过时一样，作为政治经济学之经，轻重之术也没有过时。

按照西方线性的进步史观，既然轻重之术是农业时代的产物，它就会随着工业时代的到来被淘汰，代之以现代西方经济学。这种简单看待现实的方式忽略了一个基本事实：现实是历史因革损益的结果，其中有革的因素在，也有因的因素在，事物的发展总是有因有革，有常有变的。在政治经济学领域，说到常，比如说市场的基本规律，管子时代与今天的市场规律并没有本质的不同；至于革，工业时代比农业时代的市场规模显然要大，也复杂得多。

所以，如果我们能看到轻重之术的合理内核，就会发现，轻重之

术是真正的政治经济学之"经",它仍然适用于今天信息化的时代。

这里谨以轻重之术中的外贸理论(即中国古典外贸理论)为例,说明轻重之术实乃人类政治经济学之大道。

中国古典外贸理论的基本原则是"内守国财而外因天下"(语出《管子·地数第七十七》),其核心观点是在保有国家财富的同时,也要学会从外部取得财富。与西方的重商主义不同,这里的财富主要不是指侈奢品、贵金属和纸币,而是指重要的战略物资。

中国古典外贸理论由来久远。现存最完整的轻重之术经典,《管子》轻重十六篇中的"伊尹之谋""纂茈之谋"等就是以案例来说明"内守国财而外因天下"的道理。"伊尹之谋"甚至可以上溯到商朝初年。对具体内容感兴趣的朋友可以参阅《国富策:中国古典经济思想及其三十六计》。[1]

事实上,从战国至汉朝,从古代的中国至当代的美国,中国古典外贸理论一直为经济决策者有意识或无意识地应用着。

孔家多俊杰,从记录孔氏家族人物事迹的古籍《孔丛子》中我们能明显看到这一点。《孔丛子·陈士义第十五》记述说,战国末年,孔

---

[1] 翟玉忠:《国富策:中国古典经济思想及其三十六计》,中国友谊出版公司,2010年版。

子八世孙孔谦（字子顺）在相魏期间曾作为使节出访赵国，当时赵孝成王在宴会上问子顺降北方游牧民族之计，孔谦的回答即是应用轻重之术，用通商的手段来诱降他们。赵孝成王担心通商会使自己的财货外流，子顺回答说：如果我们是用无用的东西换取他们有用的东西，通商就是弱化北方游牧民族的办法。于是赵王追问，什么是我们有用和东西，他们无用的东西呢？子顺答道："比如衣饰之物，如珍珠、美玉和各种丝织品；饮食之物，则有酒和各种美味商品。这是我们有的而他们认为有利可图的东西。北方游牧民族，有牛马、皮毛制品，弓箭等，这是他们富足而又轻易给人的东西。用我们有的，来换取他们丰富的商品，那么他们的钱财就会浪费在衣食这样的消费品上，我们就会不战而屈人之兵。"（原文：魏王使相国修好邻国，遂连和于赵。赵王既宾之而燕，问子顺曰："今寡人欲求北狄、不知其所以然。"答曰："诱之以其所利而与之通市，则自至矣。"王曰："寡人欲因而弱之，若与交市，分我国货散于夷狄，是强之也，可乎？"答曰："夫与之市者，将以我无用之货取其有用之物，是故所以弱之之术也。"王曰："何谓我之无用，彼之有用？"答曰："衣服之物，则有珠玉五彩；饮食之物，则有酒醪五熟，此即我之所有而彼之所利者也。夷狄之货，唯牛马旃裘弓矢之器，是其所饶而轻以与人者也。以吾所有，易彼所饶，如斯不已。则夷狄之用将糜于衣食矣，殆可举棰而驱之，岂徒弱之而已乎？"赵王曰："敬受教！"）

我们对赵孝成王是否真的与北狄通商不得而知。不过在汉朝初期，这一政策似乎被完整地实施了。在公元前81年的盐铁会议上，汉武帝时长期主持国家经济政策的桑弘羊将"内守国财而外因天下"的中国古典外贸理论精辟地概括为："天下之下我高，天下之轻我重。以末易其本，以虚荡其实。"认为这样就能："外国之物内流，而利不外泄也。异物内流则国用饶，利不外泄则民用给矣"。

对于会上儒生片面强调农业作用的观点，桑弘羊以"富国何必用本农，足民何必井田"驳斥之。他指出：有才能的人治家的方法不止是一种，使国家富裕的途径也并非一个。从前，管仲筹策谋划辅助齐桓公成就了霸业，而纪氏由于只搞农业亡了国。如果为了一家人的生活必须从事农业，那么舜就不应该去制作陶器，伊尹也不应当去当厨师。所以善于治理国家的人，应该是天下人认为低贱的，他认为高贵；天下人所轻视的，他却重视。用工商业代替农业，用无用的东西换取有用的。现在从山林川泽取得的财富，实行均输法所获得的积累，是为了施用轻重之术来役使天下的诸侯。汝、汉一带的金子，各地进贡的丝织品，可以引诱外国人并换取胡、羌的珍贵财物。用我们两丈丝绸，就能得到匈奴的很多贵重物品，从而减少了他们的财物。这样，骡、驴、骆驼就可以成群结队地进到边塞之内，各种良马也都变成了我们的牲畜，鼠皮、貂皮、狐貉等各种贵重皮料，彩色的毡子，有花纹的毯子将充满皇宫里的仓库，璧玉、珊瑚、琉璃也都成了我们的宝贵物品。这样，外部的各种物品源源不断地运进来，而内地的财物不外流。外族的东西运进来，国家财用就充足，自己的财物不外流，人民家用就丰足。（原文：《盐铁认论·力耕第二》记桑弘羊言曰："贤圣治家非一宝，富国非一道。昔管仲以权谲霸，而纪氏以强本亡。使治家养生必于农，则舜不甄陶而伊尹不为庖。故善为国者，天下之下我高，天下之轻我重。以末易其本，以虚荡其实。今山泽之财，均输之藏,所以御轻重而役诸侯也。汝、汉之金,纤微之贡,所以诱外国而钓胡、羌之宝也。夫中国一端之缦,得匈奴累金之物,而损敌国之用。是以骡驴馲驼,衔尾入塞,驒騱騵马,尽为我畜,鼲貂狐貉,采旃文罽,充于内府,而璧玉珊瑚琉璃,成为国之宝。是则外国之物内流,而利不外泄也。异物内流则国用饶,利不外泄则民用给矣。")

不幸的是,自东汉以后,轻重之术和其中的中国古典外贸理论长期以来为中国学人所轻视,至今仍是这样。

最早对轻重之术发难的当属魏晋时代的著名学者傅玄。他在《傅子》一书中称:"《管子》书,过半是后之好事者所知,《轻重篇》尤鄙俗。"[1]

傅玄对中国古典经济理论的评判一直影响至清代。宋代黄震说:"若'轻重篇'则何其多术哉,管子虽多术,亦何至如此之屑屑哉?"(《黄氏日抄》卷五十五)。明代张岳说:"吾读《管子》盐铁书(指轻重十六篇——笔者注),至于日食升两及一刀一钱,莫不权算详尽。使利出一孔,悲夫!霸者之用心也?彼尝劝其君务农重谷,分业四民,亦足以富国制敌而售其术矣,何乃琐琐若是?"(《小山类稿》卷十九)。清代《四库全书总目提要》则称:"轻重篇尤复鄙俗。"

近代西方经济思想涌入后,在西方学术统治中国教育机构和学术机构的大背景下,轻重之术作为失去实际应用价值的"古董"被纳入

---

[1] 刘治立:《〈傅子〉评注》,天津古籍出版社,2010年版,第145页。

经济思想史，在整理国故的旗帜之下，学者们想一劳永逸地判处轻重之术死刑。

二、美国长期以来仍然在用轻重之术

倒是美国自第二次世界大战以后就自觉或不自学地运用中国古典经济理论，在国际贸易领域"以我无用之货取其有用之物""以虚荡其实"，真正做到了"内守国财而外因天下"。在人类早已经从根本上脱离了以物易物的商业时代，这里的"虚"主要指的是纸币，而"实"则指各种商品。

在具体操作中，第二次世界大战以后，美国主要是通过大量向世界市场注入美元，同时实施保护主义的贸易和投资政策，来实现"内守国财而外因天下"的——尽管美国表面上一直在鼓吹自由贸易，但它只是鼓励贸易伙伴国的经济学家相信并宣传自由贸易理论。

美国密苏里大学堪萨斯分校教授，独立金融和经济分析专家迈克尔·赫德森在《全球分裂：美国统治世界的经济战略》一书中，描述20世纪60年代末70年代初美国与德国的贸易关系时这样写道："新形势对于德国来说尤其棘手。德国外向型的发展繁荣成果被美国国库吸走了。德国工业雇用了来自土耳其、希腊、南斯拉夫及其他地中海国家的数以百万计的移民。到1971年为止，希腊人口中大约有3%生活在德国，他们生产汽车和其他出口商品，为德国公司赚取利润和外汇。许多私人公司从外销中获利。然而当大众汽车和其他商品运往美国时，德国经济却遭受了损失。公司可以用其收到的美元与德国央行兑换马克，因而可以确保外销的利润，但是德国央行只能用这些美元购买美国短期国库券和债券。在1970—1974年间当美元与马克相比贬值52%时，德国央行失去了其美元存款1/3的价值，其主要原因是美国国内的通货膨胀侵蚀了美元34%的本国购买力。更糟糕的是，德国发现自己和日本、加拿大、瑞士一起为美国的国内外开支项目融资，包括东南亚战争和对以色列的军事支援，而他们是不愿支持美国的这些政策的。"[1]

如果我们将20世纪70年代初换成21世纪初，德国换成中国，将希腊移民换成中国农民工，将马克换成人民币，将东南亚战争换成反恐战争，你就会发现历史是何其相似：我们今天还是很难购买美国的公司和资源，只能大量够买美国的国库券。随着美元的升值，我们的外汇储备在不断贬值；我们也在慷慨地为美国的国内外开支融资，与当时德国唯一不同的是，这些融资中有大笔用于增加西太洋地区的军事开支——其炮口直指中国本土！

而所有这一切都不过是"纂茈之谋"的美国版本，美国正是用轻重之术宰制天下的！这则计谋大意是说：从前莱国擅长染色工艺，紫色的绢和紫青色的丝绦在莱国的价钱一纯只值一锱金子，而在周地则价值十斤黄金。莱国商人知道后，很快把紫绢收购一空。周国却拿出筹码（马）作为抵押，从莱国商人手里把紫绢收购起来，莱国商人只握有等于货币

---

[1] 迈克尔·赫德森：《全球分裂：美国统治世界的经济战略》，中央编译出版社，2010年版，第19页。

的筹码。因此莱国失掉了收集起来的紫绢，而只好用筹码收回钱币了。这则故事出《管子·轻重丁第八十三》，作者总结说："自故可因者因之，乘者乘之，此因天下以制天下。"[1]

今天美国人手里没有"马"，他拥有的是同"马"一样本身近乎毫无价值的美元。

如许多知识会因革损益而不会过时一样，轻重之术也没有过时。当美国人灵活地运用轻重之术"弱"中国时，任何一个有良知的中国知识分子都应为自己对中国古典经济思想的无知感到羞耻！

知耻近乎勇。今天，为"往圣继绝学"不应再是一句华而不实的漂亮口号，应是当代中国学人义不容辞的历史责任！

---

[1] 翟玉忠：《国富策：中国古典经济思想及其三十六计》，中国友谊出版公司，第209~212页。

第二章

从古礼到西方政治经济学
——轻重之术的源与流

第一节　古代礼制本身就是一种政治经济学理论

一、平衡有限资源与无限人欲矛盾的准绳——礼

中国自古有"礼义之邦"之称。

那么礼为何如此重要呢？这是因为，在周代以前，礼是人们政治、经济、法律、道德以及生活方式等社会生活的总和，指导着社会生活的方方面面。礼，也决定性了中国本土政治经济学轻重之术的基本特征，在此意义上说，古代礼制本身就是一种政治经济学理论——与西方经济学将生态系统排斥于经济生活之外不同（西方学者在定义"经济学"这个概念时所指的"稀缺资源"主要是指能够生产用来分配的商品的资源），中国礼义文明最显著特点就是从政治、经济、价值观、生活方式等角度维系有限自然资源与无穷人类欲望间的平衡。

1983年7月，钱穆向来台北拜访他的美国学者邓尔麟解释礼这个概念时说："'礼'是一个家庭的准则，管理着生死婚嫁等一切家务和外事。同样，'礼'也是一个政府的准则，统辖着一切内务和外交，比如政府与人民之间的关系，征兵、签订和约和继承权位等。"[1]

---

[1] 邓尔麟著／蓝桦译：《钱穆与七房桥世界》，社会科学文献出版社，1998年版，第8页。

战国时期著名学者荀子从礼制起源的角度论述了礼的政治经济学本质，即调整有限自然资源与无限人欲之间的关系。《荀子·礼论第十九》说：礼是在什么情况下产生的呢？回答说，人生来就有欲望，如果想要什么而不能得到，就不能没有追求。如果一味追求而没有个标准限度，就不能不发生争夺，一发生争夺就会有祸乱，一有祸乱就会陷入困境。古代的圣王厌恶那祸乱，所以制定了礼义来确定人们的名分，以此来调养人们的欲望、满足人们的要求，使人们的欲望决不会由于物资的原因而不得满足，物资决不会因为人们的欲望而枯竭，使物资和欲望两者在互相制约中增长。这就是礼的起源。原文：礼起于何也？曰：人生而有欲；欲而不得，则不能无求；求而无度量分界，则不能不争；争则乱，乱则穷。先王恶其乱也，故制礼义以分之，以养人之欲、给人之求，使欲必不穷乎物，物必不屈于欲，两者相持而长。是礼之所起也。）

所以礼的目标首先是经济上的，在于满足调养人的欲望。《荀子·礼论第十九》接着说：礼这种东西，是调养人们欲望的。牛羊猪狗等肉食和稻米谷子等细粮，五味调和的佳肴，是用来调养嘴巴的；椒树兰草香气芬芳，是用来调养鼻子的；在器具上雕图案，在礼服上绘彩色花纹，是用来调养眼睛的；钟、鼓、管、磬、琴、瑟、竽、笙等乐器，是用来调养耳朵的；窗户通明的房间、深邃的朝堂、柔软的蒲席、床上的竹铺、矮桌与垫席，是用来调养躯体的。所以礼这种东西，是调养人们欲望的。（原文：故礼者，养也。刍豢稻粱，五味调香，所以养口也；椒兰芬苾，所以养鼻也；雕琢刻镂，黼黻文章，所以养目也；钟鼓、管磬、琴瑟、竽笙，所以养耳也；疏房、檖貌、越席、床笫、几筵，所以养体也。故礼者，养也。)

西汉大儒董仲舒在《春秋繁露·八·度制第二十七》中将礼节称为度制，指出用礼制（下文用服制说明）整齐百姓，治理天下是由资源与人欲的对立关系决定的，如果让人们放纵极欲，结果只能是贫困和混乱。他说：衣服的出现，是为了掩盖身体保暖身体。可是染上各种色彩，装饰各种花纹图案，不是为了有益于肌肤和身体的本来要求，是为了用它使尊贵者显出尊贵，使贤能者显得高尚，并表现区分上下级的关系，使教化立即实行，风化容易成功，为了社会太平才做的。如果抛弃服制，让各人都按自己的希望去做，让他们快乐高兴，而人们追逐欲望无穷无尽，这就严重地扰乱了人和人的关系，并浪费财物，失去了花纹图案产生的本意。上下级的关系不区分，势必造成上级不能治理下级，为动乱所苦。嗜好欲望没有限度，势必造成欲望不能满足，为贫困所苦。（原文：凡衣裳之生也，为盖形暖身也，然而染五彩、饰文章者，非以为益冗肤血气之情也，将以贵贵尊贤，而明别上下之伦，使教前行，使化易成，为治为之也。若去其度制，使人人从其欲，快其意，以逐无穷，是大乱人伦而靡斯财用也，失文采所遂生之意矣。上下之伦不别，其势不能相治，故苦乱也；嗜欲之物无限，其势不能相足，故苦贫也。)

在中国先贤看来，礼是调节资源与人欲关系，使之实现动态平衡的政治经济制度体系。正是中华文化对礼的孜孜以求，使其在数千年的岁月里在整体上实现了可持续发展，成为人类历史上唯一绵延至今的文明。在生态危机已经威胁到整个人类生存的今天，我们有必要从根本上反思西方文明体系，因为在有限资源与无限人欲之间，西方缺乏足够的思想资源解决这一人类生存最为本质的问题。进而言之，礼义文明可能不仅适用于中国，更是全世界所急需的。

因为中国人找到了平衡资源与人欲矛盾的准绳——礼！

中国礼制具体起源于何时？从史籍中我们只能从三皇五帝的传说中找到蛛丝马迹。现代考古学的一个伟大贡献在于，它明确告诉我们在周代礼义文明成熟以前，存在着一个相当漫长的古礼时期。

广东省文物考古研究所研究员、中国考古学会理事卜工先生指出，这种古礼发端于一万年前的农业革命，本身就是以农耕方式的经济形态为基础的。因此，这时的礼多以祈求风调雨顺、人寿年丰为目的；从时间上说，从古礼到周礼是一个持续的发展进化过程，大致可分为三个时期：

一是古礼期，包括前仰韶的陶质祭器和仰韶的陶礼器两个阶段，标志是以祭天祈年活动为主体的礼仪制度的发生和发展。

二是中国礼制的酒礼期，包括龙山时期的陶质酒礼器和夏商两代铜酒礼器为代表的两个阶段，其特点是等级制度的发展和成熟。

三是周礼时期，这是中国礼制的成熟期，是西周以青铜盛食器作为礼器的阶段。如周代的鼎簋青铜礼器制度，核心是宗法制。[1]

卜工先生总结说，礼制的发生和发展、完善和成熟是中国古代社会的独特经历，是中华文明的核心特色，也是中华文明起源的基本脉络。"古礼是一种社会联系方式，是一种社会管理体制，是一种社会运行机制，是当时社会制度的主要内容，是古代社会最大的政治。"[2]

面对冷冰冰的古代礼器，古礼蕴涵的政治经济思想我们已经难知其细节，但从古礼因革损益形成的周礼中，我们知道其在政治上注重社会内部不同阶层间的平衡，经济上注重人与自然间平衡。简而言之，**中国古典经济学的目标不是西方主流经济学那样的线性增长，而是动态平衡。**

二、调节社会内部各阶层间平衡的"四民分业"理论

周代礼制调节社会内部各阶层间平衡的理论称为"四民分业"理论。

事实上，在亚当·斯密考察英国制针业很久以前，中国就发展了完善的劳动分工理论——"四民分业"理论。表面上，诞生于农业时代的"四民分业"理论比18世纪西欧工场手工业时代企业内部分工理论粗糙，实质上具有更为丰富的内涵，有着西方经济学迄今为止尚未达到的理论水准。

---

[1] 卜工：《历史选择中国模式》，科学出版社，2009年版，第24~25页。
[2] 卜工：《文明起源的中国模式》，科学出版社，2007年版，前言第5页。

在先秦，《逸周书》同《尚书》并列，其在很大程度上了反映了周代政治经济理念。该书屡屡提及四民分业的思想，强调士农工商分业定居，通过专业化提高经济效率。《逸周书·程典解》中就指出，士大夫不要参与务工经商。商人资财不厚，工匠技艺不巧，农夫不尽力务农，便不能治理。士大夫之子不懂得义，就不能按长幼之礼行事。工匠不集中居处，就不足以供给官府；族人不分属各乡，就不能使之和顺。（原文：士大夫不杂于工商。商不厚、工不巧、农不力，不可力治。士之子不知义，不可以长幼。工不族居，不足以给官；族不乡别，不可以入惠。）

《逸周书·作雒解》上面也有类似观点：农夫能管理一鄙，就可用为庶士；士能管一国或一家，就可用为诸公或大夫。凡工匠、商贾、庶士、奴仆，各州里不使他们交杂混居。（原文：农居鄙，得以庶士，士居国家，得以诸公、大夫。凡工、贾、胥士、臣仆，州里俾无交为。）

《逸周书》的上述思想为后世所继承。公元前590年，鲁成公即位后欲整军经武，作丘甲，让丘（古代行政单位，"四邑为丘"）民作甲。《春秋穀梁传》的作者认为该政策与劳动分工理论不符，不合礼制。上面说："丘作甲，非正也。丘作甲之为非正，何也？古者立国家，百官具，农工皆有职以事上。古者有四民，有士民，有商民，有农民，有工民。夫甲，非人人之所能为也。丘作甲，非正也。"

东汉经学家何休在《春秋公羊传解诂·成公元年》中对"四民"作了如下定义,其中也强调"四民不相兼",劳动分工对于经济生活的重要性:"古者有四民,一曰德能居位曰士,二曰辟土殖谷曰农,三曰巧心劳手以成器物曰工,四曰通财鬻货曰商。四民不相兼,然后财用足。"

有了劳动分工,必然会产生不同职业间的利益冲突。在平衡四民关系方面,中国古典的劳动分工理论要比西方劳动分工理论复杂得多。为了让读者对这种复杂的制衡关系一目了然,笔者作了如下示意图。需要说明的是,现实中的制衡关系比下图所示要复杂得多——比如有时国家法定利率以制约商人等。

如下图所示,我们将工、商放在一起,把本业农以及士单列了出来,这样做的目的只是为了讨论问题简洁方便。

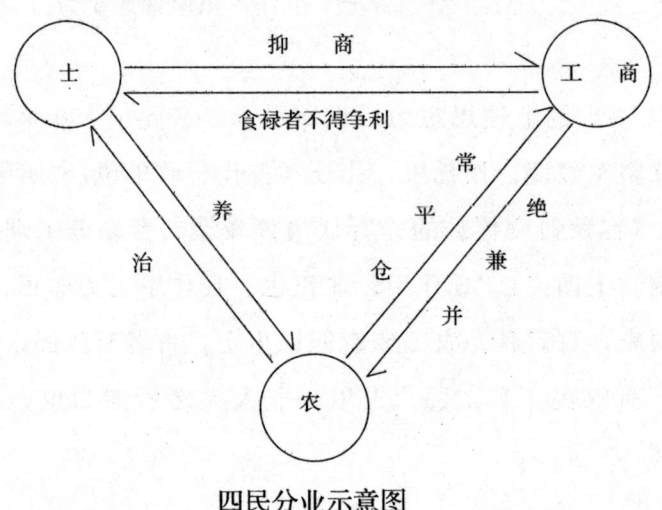

四民分业示意图

农、工、商与士的关系也就是孟子说的"大人"与"小人""劳心者"与"劳力者"的上下关系。反映到劳动分工上，就是士大夫进行政治治理、小人进行物质财富的生产与交换。《孟子·滕文公上》说："无君子莫治野人，无野人莫养君子。"

"劳心者"与"劳力者"是阴阳互系、相辅相承的关系，双方有对等的不可转换的权利和义务。中国传统政治形象地称为水与舟的关系——水有义务载舟，也有权力覆舟。这里水代指百姓，舟代指统治者。

西周居住在都城之内的平民，即庶民具有特殊的政治地位，《尚书·洪范》讲商周治国的基本原则，其中就有，当国家的疑难时，要"谋及乃心，谋及卿士，谋及庶人，谋及卜筮"。

《左传》中记述的大量史实表明，春秋时庶民干预政治的方式很多，如决定国君的废立、过问外交和战等。《周礼·秋官·小司寇》载，小司寇的职责有询万民三政，即"掌外朝之政，以致万民而询焉：一曰询国危，二曰询国迁，三曰询立君"，看来绝非虚构。

如果君主专制，为所欲为，不能安养百姓，百姓就有驱逐国君的权力。公元前559年，暴虐无道的卫献公被国人所驱逐，晋悼公认为卫人的行为太过分，他的大臣师旷则认为，是卫献公没有尽到治民之责，又专权自恃才导致这样的后果。他说："也许是他们国君实在太过分了。好的国君将会奖赏善良而惩罚邪恶，抚养百姓好像儿女，覆盖他们好像上天一样，容纳他们好像大地一样。百姓尊奉国君，热爱他好像父母，尊仰他好像日月，恭敬他好像神灵，害怕他好像雷霆，哪里能够赶走呢？国君，是祭神的主持者同时是百姓的希望。如果让百姓的财货缺乏，神灵失去了祭祀者，百姓绝望，国家没有主人，哪里还用得着他？不赶走干什么……上天爱护百姓无微不至，难道会让一个人在百姓头上任意妄为，以放纵他的邪恶而失去天地的本性？一定不会这样的。"（原文：或者其君实甚。良君将赏善而刑淫，养民如子，盖之如天，容之如地。民奉其君，爱之如父母，仰之如日月，敬之如神明，畏之如雷霆，其可出乎？夫君，神之主而民之望也。若困民之主，匮神乏祀，百姓绝望，社稷无主，将安用之？弗去何为……天之爱民甚矣。岂其使一人肆于民上，以从其淫，而弃天地之性？必不然矣。）

除了上下之间的动态平衡，中国古典经济学轻重之术还特别强调社会阶层的横向平衡，**节制资本以防止商人阶层垄断国家政权。这使中国长期存在一个代表人民整体利益的中性政府，没有陷入资本主义的泥潭之中**。因为正是商人阶层独大导致社会失衡，才使今天美国这样的国家陷入政治信任危机和经济金融危机——几乎不能自拔。

需要指出的是，节制资本不是消灭资本和资本家阶层，也不是专门针对商人的政策。比如为了防止政治权力转化为经济利益，中国历代都强调"食禄者不得争利"等。

节制资本是为了制衡商人阶层，《礼记·坊记第三十》引用孔子的话说："礼者，因人之情而为之节文，以为民坊者也。故圣人之制富贵也，使民富不足以骄，贫不至于约。"这段话大意是说，所谓礼，就是顺应人情而为之制定控制的标准，以作为防止百姓越轨的堤防。所以，圣人制定出一套富贵贫贱的标准，使富起来的百姓不足以骄横，贫下去的百姓不至于穷困。

工业时代以前，农业是最主要、最根本的财富来源，抑商重农是中国持续数千年的国策，是节制资本的一个重要方面。在我们的先哲看来，四民间并不具有完全均等的地位。商人阶层更容易垄断经济，进而导致政治社会结构的整体失衡。司马迁在《史记·货殖列传》中清楚地说明了这个道理，他说，凡是编户的百姓，对于财富比自己多出十倍的人就会低声下气，多出百倍的就会惧怕人家，多出千倍的就会被人役使，多出万倍的就会为人奴仆，这是事物的常理。一个人要从贫穷达到富有，务农不如做工，做工不如经商。（原文：凡编户之民，富相什则卑下之，伯则畏惮之，千则役，万则仆，物之理也。夫用贫求富，农不如工，工不如商。）

太史公这里还应加上一句话：商不如政！战国时代卫国巨商，后来成为秦相的吕不韦和今天的美国犹太商人一样懂得投资政治的巨大利益。《战国策·秦策五》载：濮阳商人吕不韦到邯郸去做买卖，见到秦国入赵为质的公子异人，回家便问父亲："农耕获利几何？"其父亲回答说："十倍吧。"他又问："珠宝买卖赢利几倍？"答道："一百倍吧。"他又问："如果拥立一位君主呢？"他父亲说："这可无法计量了。"吕不韦说："如今即便我艰苦工作，仍然不能衣食无忧，而拥君立国则可泽被后世。我决定去做这笔买卖。"（原文：濮阳人吕不韦贾于邯郸，见秦质子异人，归而谓其父曰："耕田之利几倍？"曰："十倍。""珠玉之赢几倍？"曰："百倍。""立国家之主赢几倍？"曰："无数。"曰："今力田疾作，不得暖衣余食；今建国立君，泽可以遗世。愿往事之。"）于是，秦始皇的父亲异人成了吕不韦作长线投资的"政治奇货"。

商人的逐利特点决定着，他们一有机会就进行政治的投击，资本权力化，以取得比市场竞争大得多的暴利。基于上述认识，即使重视商业的《管子》也在不断强调本事农业重要性的同时，反对商人在朝中掌权，资本控制政治、钱权交易。他说："商人在朝中掌权，财货贿赂就流往上层；妇人参与政事，赏功罚过就不能准确；男女没有界限，人民就不知廉耻。在货财上流、赏罚不信、民无廉耻的情况下，要求百姓为国家甘冒危难，兵士为国家献身死节，是办不到的。"（《管子·权修第三》原文：商贾在朝，则货财上流；妇言人事，则赏罚不信；男女无别，则民无廉耻。货财上流，赏罚不信，民无廉耻，而求百姓之安难，兵士之死节，不可得也。）

在礼崩乐坏的时代，《商君书·外内第二十二》的作者提出以提高粮食价格和税收为杠杆调节农民与商人的利益，这种思想更具有现代意义。上面说：农民用力最为辛苦，而获利最少，不如商业和手工业者。如果能使商人和手工业者不那么多，而国家想要不富都是不可能的。所以，想发展农业来富国，国内的粮价必贵，而不从事农业生产的赋敛必须增多，贸易的利税必须加重。（原文：故农之用力最苦，而赢利少，不如商贾、技巧之人。苟能令商贾、技巧之人无繁，则欲国之无富，不可得也。故曰：欲农富其国者境内之食必贵，而不农之征必多，市利之租必重。）

针对士阶层的"食禄者不得争利",目的是在阻止权力资本化的同时,维护市场良好的竞争秩序。不是像今天学者们普遍理解的那样,政府一干预市场,就是"与民争利",中国古典经济学轻重之术中没有西方政治经济学政府与市场二元对立的思维方式。

陈焕章在其名著《孔门理财学——孔子及其学派的经济思想》一书中,专辟一章(第二十八章:食禄者不得争利)讨论这一主题,他认为这一原则会"提高统治阶级的道德水准,削除他们在经济领域的有利地位和强大竞争力,给所有平民以充分机会——这些是该原则所求的目标。这是一个社会改革的伟大方案,其趋势是走向经济平等。"[1]

上图中,工/商与农间的制衡关系我们只标示出了"常平仓"和"绝兼并"。事实上常平仓只是制衡机制的重要一项,且这种机制和绝兼并的目的是统一的,都是国家参与市场防止商业资本投机,同时保护生产者和消费者。

"民以食为天",自古至今,粮食都在经济生活中具有特殊的战略地位,常平仓制度就是为均平粮食价格、制衡农业阶层和商业阶层而设计的。简单地说,常平仓犹如一个蓄水池,丰年,为了避免谷贱伤农,将市场上多余的粮食高于市场价格储备起来。农业歉收,市场上粮食

---

[1] 陈焕章著/翟玉忠译:《孔门理财学——孔子及其学派的经济思想》,中央编译出版社,2009年版,第333页。

供应紧张粮价提高时，再以平价卖出去。平常年份，则进行正常的以旧换新。自公元前 54 年耿寿昌正式建立常平仓，常平仓废置不常——名义上差不多历代都有。

陈焕章指出，尽管常平仓不符合西方的自由经济理论，但现实中它却是"一个十分有益而且可行的方案，它利民而不损害国家。当价格过低时，尽管政府购买比市价高，这对政府来说不意味着浪费。当价格过高，尽管政府卖出比市价低，也不意味着政府损失。即使是政府亏本，社会收益也大大高于公共财政的损失。"[1]

陈焕章还指出了常平仓制度的四点必要性：

1、农民眼光短浅，不能照顾好自己的利益。

2、农民无法单独保护自己的利益，即使他们眼光不短视。

3、谷物是人的生活必需品，它的价格对整个社会有巨大的影响。如果商人们通过囤积居奇控制其价格，消费者会大大吃亏。

4、最后也是最重要的一点。因为农业受制于大自然，收成不遵循供求规律。荒年可能与大量需求同时存在，丰收也可能连年出现。

陈焕章没有意识到的是，常平仓是中国古典经济学中最典型的市场调节方式——它不是一个市场经济的特例，而是代表着先贤对市场经济的根本看法，即市场常常不会自动实现均衡，国家损有余、补不足，

---

[1] 陈焕章著 / 翟玉忠译：《孔门理财学——孔子及其学派的经济思想》，中央编译出版社，2009 年版，第 349 页。

参与市场是必须的。

遗憾的是，当代西方主流经济学模仿牛顿物理学，建立起了市场均衡概念，认为市场会自主实现均衡，价格偏离不过是随机偶发的现象；政府干预容易犯错误，市场本身则不易犯错误，所以要实行自由放任的经济政策。问题恰恰在于，市场本身有自我强化的趋势，会远离平衡，这种现象在商品、金融市场上随处可见。投资家乔治·索罗斯敏锐地指出，正是上述原因导致了2007年这次金融危机的爆发。他说："所有的人类建构都有缺陷。金融市场并不必然走向均衡，如果只靠市场机制，它们就会走向狂热或是绝望的极端。"[1]

中国古典经济学主张代表社会整体的政府作为一种中性力量监管调节市场、损有余、补不足，以实现市场的动态均衡。《白虎通·卷二·社稷》上面说："礼者，盛不足，节有余，使丰年不奢，凶年不俭，贫富不相悬也。"

三、人类社会与自然间平衡的调节

中华文明五千年生生不息的原因，除了上述社会内部的平衡机制之外，还有人类社会与自然的平衡机制。这在周礼中表现得十分突出，《大戴礼记·曾子大孝第五十二》甚至将自然资源的保护与孝道联系了起来，主张砍伐草木要有定时，猎杀禽兽要有定时，并引孔子的话说：

---

[1] 乔治·索罗斯著／刘丽娜、綦相译：《索罗斯带你走出金融危机》，机械工业出版社，2009年版，第99页。

"砍伐一棵树，猎杀一个禽兽，不在合适的时候就不是孝。"（原文：草木以时伐焉，禽兽以时杀焉。夫子曰："伐一木，杀一兽，不以其时，非孝也。"）

孟子曰："亲亲而仁民，仁民而爱物。"（《孟子·尽心上》）由亲亲至于爱物，由爱物亦及亲亲，所以说不按时取物是不孝——中国文化其博大如此！

按照《礼记》，对自然资源的保护大致包括三个方面，即对生物的保护、对森林的保护和对矿产的保护。比如狩猎的礼，其核心就是对生态资源的可持续利用。《礼记·王制第五》谈到田猎应遵循的法则时说：没有祭礼、战争却不打猎就是不敬；打猎不依礼仪，随意捕杀就是作践天地所生之物。天子打猎不可一网打尽，诸侯打猎不可成群捕杀。天子射杀野兽之后，要放下指挥用的大旗，诸侯要放下小旗。天子诸侯停止捕杀而大夫接着打猎，捕杀之后就下令协助捕猎的佐车停止，佐车停止后，百姓才可以打猎。正月之后，掌管山泽、苑囿、田猎的官吏在沼泽河流中放入拦水捕鱼的工具；九月之后，可以张设罗网捕鸟；九月草木凋零飘落之后，可以田猎；八月之后，可以进入山林，昆虫还未蛰伏在草里，不可以焚草肥田，在打猎时，不可捕杀幼兽，不攫取鸟卵，不杀怀胎的母兽，不杀刚出生的鸟兽，不斩尽杀绝。（原文：无事而不田，曰不敬；田不以礼，曰暴天物。天子不合围，诸侯不掩群。天子杀则下大绥，诸侯杀则下小绥，大夫杀则止佐车。佐车止，则百姓田猎。獭祭鱼，然后虞人入泽梁。豺祭兽，然后田猎，鸠化为鹰，然后设罻罗。草木零落，然后入山林，昆虫未蛰，不可以火田。不麛，不卵，不杀胎，不殀夭，不覆巢。）

《礼记·王制第五》中还将对自然的保护措施延伸到了消费环节，这一点特别值得现代人学习。因为只有在消费市场取缔某些商品，我们才能最大限度地保护相应的自然资源。上面规定：不成熟的果实谷物，不按时砍伐的树木和不按时捕杀的动物严禁进入流通市场。（原文：五谷不时，果实未孰，不粥于市。木不中伐，不粥于市。禽兽鱼鳖不中杀，不粥于市。）

西汉贾谊在其《新书·卷第六·礼》中指出保护自然也是为丰富人类自己的物质生活，其中所涉及的保护自然资源的具体措施与《礼记·王制》所载相类。文中说：狩猎时不四面包围，不掩杀成群野兽，不射杀栖息在巢穴中的禽兽，捕鱼不把沼泽中水放干，豺不祭过兽，不去捕杀它；獭不祭过鱼，不要去网罗它；鹰隼没长成，只观看而不张网捕杀；草木之叶不零落，就不去砍伐；昆虫不蛰伏休眠，就不用火烧荒；不射杀幼鹿，不取卵，不剖腹取食未出生小动物，不在兽未长大时捕杀它；鱼类未长大不捕捞作祭品，秋天鸟兽未长出毫毛，不猎取食用。捕获它们按节令，使用财物要有节度，那么生物就会繁衍增加。（原文：不合围，不掩群，不射宿，不涸泽。豺不祭兽，不田猎；獭不祭鱼，不设网罟；鹰隼不鸷，眡而不逮，不出尉罗；草木不零落，斧斤不入山林；昆虫不蛰，不以火田；不麛不卵，不刳胎，不殀夭，鱼肉不入庙门；鸟兽不成毫毛，不登庖厨。取之有时，用之有节，则物蕃多。）

贾谊在文中所说的"用之有节",一个重要的方面就是国家通过基本商品的储备(农业时代主要指粮食),有效地抹平因自然灾害等原因造成的市场波动。难怪他称礼为"养民之道"。《新书·卷第六·礼》中说:国家若没有九年的储备,叫作不足;若没有六年的储备,叫作紧急;若没有三年的储备,国家就不成其为国家了。百姓耕种三年一定能剩吃一年的粮食,耕种九年一定能剩够三年吃的粮食;这样连续三十年,就有了十年的积蓄。即使有大旱和水涝之灾,百姓也不会挨饿。然后天子才可以备置佳肴美味来享用,每天都饮宴奏乐。诸侯按时享用美味佳肴,敲击所悬之钟鼓使之高兴……所以礼是君主自我遵守的规章,蓄养百姓的措施。(原文:国无九年之蓄,谓之不足;无六年之蓄,谓之急;无三年之蓄,国非其国也。民三年耕,必馀一年之食,九年而馀三年之食,三十岁相通,而有十年之积。虽有凶旱水溢,民无饥馑。然后天子备味而食,日举以乐。诸侯食珍不失,钟鼓之县可使乐也……故礼者,自行之义,养民之道也。)

《礼记·王制》中也有近乎相同的论述,所不同的是,《礼记·王制》的作者特别规定冢宰以三十年的平均收入来编制年度的预算,"量入以为出"。中国古典经济理论反对不负责任的财政赤字和纵欲的消费主义,这是至与当代西方主流经济观点最为明显的不同之处。文中说:冢宰编制下一年度国家经费的预算,必定在年终进行。因为要等五谷入库之后才能编制预算。编制预算,要考虑国土的大小,年成的丰歉,用三十年收入的平均数作为依据来编制预算,根据收入的多少来决定如何开支。祭祀的费用,占每年收入的十分之一,遇到父母之丧,虽然在服丧期间的三年内不祭宗庙,但天地社稷之神却照祭不误,因为天地社稷之神比父母还要尊贵。丧事的开支，用三年收入的平均数的十分之一。丧事和祭祀的开支，超过了预算叫作"暴"，决算有余叫作"浩"。（原文：冢宰制国用，必于岁之杪，五谷皆入，然后制国用。用地小大，视年之丰耗。以三十年之通，制国用，量入以为出，祭用数之仂。丧，三年不祭，唯祭天地社稷为越绋而行事。丧用三年之仂，丧祭，用不足曰暴，有余曰浩。）

综上所述，对内社会不同阶层的平衡，对外实现人与自然的和谐，这才是中华文明可持续发展的文明基因，而这些思想皆可上溯到三千多年前的西周礼制。今天，古老的周礼早已经分化为中国的政治、经济、价值观和生活方式，融入到了中华文明的血脉之中。

中国，这个五千年前，甚至更久以前发源于东亚大陆上的生态文明，至今仍奔流不息；我们有理由相信：她会超越以无限欲望掠夺有限自然资源为基本生存方式的西方现代文明，将人类带到一个可持续发展的新世界！

第二节　梦归大汉王庭　找回轻重之术

中国古典经济学轻重之术从周代礼制中分离出来肯定经历了相当漫长的历史过程，去古太远，具体情形我们已经不得而知了。唯一可以肯定的是，轻重之术在战国田齐时期已经成熟，因为今天我们所见的《管子》轻重诸篇就是在那时写定的。

《管子》轻重诸篇原本十九篇，梁、隋间亡佚三篇，现存十六篇。至于轻重诸篇写于何时，过去一百年来学者们众说纷纭，莫衷一是。大体有战国说和汉说两种，且持汉说者颇多。直到近年来，结合考古证据，学者们才有越来越多的倾向于战国说，李学勤先生作《〈管子·轻重篇〉的年代与思想》一文，使战国说几成定论。因为《管子》轻重诸篇的量制是战国田齐时代的，这种复杂的量制在秦统一中国后几乎无人知晓，只有到了近代，才有孙诒让这样的学者考证出来，最后据山东胶县录山卫出土的田齐量器所证实。李学勤先生指出："(《管子·海王》) 釜为百升，钟为千升，竟全然与田齐实际符合。这如不是田齐未亡时的作者，是决然难以做到的。"[1]

然而东汉以后，以《管子》轻重篇为核心的中国古典经济学轻重之术逐渐被历史的尘埃埋没，几乎无人问津。近代以前，几乎没有人将《管子》轻重诸篇中蕴含涵经济理论作为一个整体加以系统考察研究。

著名民主人士俞寰澄在1944年写的《管子之统制经济》中，对《管子》中轻重之术的失传悲愤不已。在中华民族风雨飘摇的时代，俞寰澄借宋讽今，21世纪的我们读来，敢不警醒！

---

[1] 李学勤：《古文献丛论》，上海远东出版社，1996年版，第201页。

俞寰澄在谈及轻重之利时，指出国家可以在调控市场（物价）的同时取得财政收入，从而做到"不加赋而国用足"，这正是宋代有些儒生认为不可能之事，他引北宋大臣司马光言写道："宋儒言：'天地生财，只有此数，不在上则在下。'不知自然之利，开辟无尽。又不知上下之间，横梗大贾畜家一流人，侵渔其间为数之大也。司马光之辈暗昧如此，王安石之流乖张如彼。皆由管子之说不传。举世言理财者，如盲人瞎马之行，堕深池而为溺人之笑也。董仲舒之徒，嚣嚣言仲尼之门，五尺之童羞称五霸。直制中国之死命，使国不能富，兵不能强，甘心断送于夷狄之手……宋亡而民族以弱。悲夫！"[1]

宋亡之后，至近代，中国数次为外族全面入侵，前车之鉴，历历在目。然国富兵强，不可无术！大矣哉，中国古典经济学——轻重之术！

要复兴轻重之术，我们首先要弄清楚《管子》轻重诸篇的本来面目。要知道，刘向校书前，在战国至西汉这段时间里，社会上《管子》诸篇相当普及。所以司马迁在写《史记》时对该书内容一笔带过，这就给后世理解《管子》中蕴涵的轻重之术带来了巨大的麻烦。万幸的是，司马迁提到了《管子》一书的核心篇目这成为我们恢复中国古典政治经济思想的钥匙。在《史记·管晏列传》中司马迁这样写道："太史公曰：吾读管氏《牧民》《山高》《乘马》《轻重》《九府》及《晏子春秋》，详哉其言之也。既见其著书，欲观其行事，故次其传。至其书，世多有之，

---

[1] 司马琪：《十家论管》，上海人民出版社，2008年版，第148页。

是以不论，论其逸事。"

作为太史，司马迁在大汉宫廷中读到的《管子》篇章被刘向搜集了起来，再加上从民间等渠道搜罗到的本子，达到五百六十四篇，去掉重复的四百八十四篇，最后编定为八十六篇，后佚失多篇，今天我们看到的《管子》有七十六篇。

与《管子》现存篇目相比较，我们不难发现司马迁实际上列举了《管子》一书重要的内容，《牧民》是全书的总纲，是经言的第一篇，《山高》（形势）是经言的第二篇，两者都有解，只是《牧民解》已经亡佚。后面三书，《乘马》《轻重》《九府》皆与富民策有关。按常理，刘向校书写定《管子》时这些重要内容都当收录。那么与中国古典政治经济思想高度相关的《乘马》《轻重》《九府》是现存《管子》中的哪些篇章呢？这个问题的答案是我们找回轻重之术元典的关键所在！

这里，我们不防用禅宗"直指人心"的方法，单刀直入，从《乘马》《轻重》《九府》三书的篇名开始探讨。

一、什么叫乘马

"乘马"指土地赋税制度，特别指军赋。

乘马的意义在《汉书·刑法制》中记载得十分详尽，让人一目了然，我们引述如下："天下既定，戢臧干戈，教以文德，而犹立司马之官，设六军之众，因井田而制军赋。地方一里为井，井十为通，通十为成，成方十里；成十为终，终十为同，同方百里；同十为封，封十为畿，畿方千里。有税有赋，税以足食，赋以足兵。故四井为邑，四邑为丘。丘，十六井也，有戎马一匹，牛三头。四丘为甸。甸，六十四井也，有戎马四匹，兵车一乘，牛十二头，甲士三人，卒七十二人，干戈备具，是谓乘马之法。"这段话大意是说，天下安定后，就收藏起武器，用礼义教化进行教育，但还要设立司马的官职，设置六军，划分井田制定军赋。土地面积一里就划为一井，十井就形成一通，十通就形成一成，一成有十里见方；十成就形成一终，十终形成一同，一同有百里见方；十同形成一封，十封形成一畿，一畿有千里见方。有田租有兵赋，田租用来满足食用，兵赋用来满足兵用。所以四井就形成一邑，四邑就形成丘。丘，就是十六井，有军马一匹，牛三头。四丘形成一甸。一甸有六十四井，有军马四匹，兵车一辆，牛十二头，兵士三人，士卒七十二人，武器具备，这就叫乘马之法。

《汉书·刑法制》的记载是符合春秋时代的历史事实的。《左传·襄公二十五年》记录了楚国司马的职责，可与《汉书·刑法制》互证。上面说："楚国的蔿掩做司马，子木让他治理军赋，检查盔甲武器。十月初八日，蔿掩记载土泽地田的情况，度量山林的木材，聚集水泽的出产，区别高地的情况，标出盐碱地，计算水淹地，规划蓄水池，划分小块耕地，在水草地上放牧，在肥沃的土地上划定井田，计量收入制定赋税制度。征收百姓交纳的战车和马匹、征收战车步卒所用的武器和盔甲盾牌。完成以后，把它交付给子木，这是合于礼的。"（原文：楚蔿掩为司马，子木使庀赋，数甲兵。甲午，蔿掩书土田，度山林，鸠薮泽，辨京陵，表淳卤，数疆潦，规偃猪，町原防，牧隰皋，井衍沃，量入修赋。赋车籍马，赋车兵、徒卒、甲楯之数。既成，以授子木，礼也。）

所以现代学者编辑的《词源》中将"乘马"解释为："古军赋名。按田邑多少征集车马甲士。参阅《汉书·刑法志》《管子·乘马》。"

古书大抵单篇流行。弄清楚乘马的原义之后，从标题和思想内容上看，现存"经言"中的《乘马》和轻重十六篇中的前两篇《巨乘马》《乘马数》（《问乘马》已佚）就是司马迁在大汉宫廷中看到的《乘马》书是无疑的。李学勤先生在《〈管子〉"乘马"释义》一文中总结道："《乘马》篇的主旨是国用问题，《轻重》诸篇便是接着这一点而作发挥的，因此其开篇都以"乘马"标题……这些论题都和《乘马》篇有连续的关系，只有与《乘马》合读，才能透彻了解。"[1]

二、什么叫轻重

清末民初，当欧美经济学西来时，有学者将英文的"economics"译为"轻重学"。那么"轻重"一词的本义是什么呢？

唐代司马贞的《史记索隐》说："管子有理人轻重之法七篇。轻重谓钱也。又有捕鱼、煮盐法也。以赡贫穷，禄贤能，齐人皆说。"

唐代张守节的《史记正义》还说："轻重谓耻辱也，权衡谓得失也。

---

[1] 李学勤：《古文献丛论》，上海远东出版社，1996年版，第174页。

有耻辱甚贵重之，有得失甚戒慎之。"

近人马非百先生则认为："本书著者对于轻重理论之应用，范围是很广泛的。凡是关于封建国家的政治、军事、法律、经济、教育等，都是他们的重要研究对象。不过在总的精神方面，关于轻重理论的应用，只是说封建国家应通过运用'物多则贱、寡则贵，散则轻、聚则重'的供求规律，实行'敛轻散重'的物价政策，以达到'无籍而赡国'即'不益赋而天下用饶'的财政目的。"笔者认为，马非百先生的这一看法可谓卓见。

在《管子》成书的战国末年，"轻重"一词为人广泛应用，主要是指导政治经济中的各种辩证关系。一如中医之"阴阳"、兵法之"奇正"。轻重之术在实践中运用起来千变万化，奥妙无穷。所以《管子》中屡次提到"轻重之数""轻重之策"和"轻重之家"。

那么这些"轻重之术"是哪些篇呢？当然可以泛泛地说包括《乘马》篇在内的《轻重》十七篇都是。不过这与司马迁在大汉宫廷里看到的三书不相符。司马贞说"管子有理人轻重之法七篇"，这七篇显然是《管子》一书最后冠之以"轻重"之名、由甲到庚排列有序的七篇文章。

马非百先生误将《理人轻重之法》当成了另外一本书，[1] 实际上正如

---

1 马非百：《管子轻重篇新诠》，中华书局，1979年版，第118页。

刘向在《管子叙录》中所云,凡《管子书》都讲"富国安民",轻重之术是政治经济学,当然会包括"理人"的内容,马非百先生的这种见解是受了20世纪以后西方经济学概念去政治化的误导。

巫宝三先生论证说:"我意'理人'二字是用来说明'轻重之法'的性质,即轻重之法是用来治理人民的,不是除轻重之法而外,别有所谓'理人轻重之法'。这从宋裴骃先说《管子》有轻重之法",以后司马贞加了'理人'二字,说'《管子》有理人轻重之法',亦可知道。"巫宝三先生的结论是:司马贞所说"理人轻重之法七篇",恐即《轻重》篇中的《轻重甲》篇至《轻重庚》篇七篇。"[1]

现存轻重五篇中,清代何如璋认为最后一篇《轻重己》"专记时令,非轻重也",这一点马非百先生作了极为详尽有力的驳斥。而且他清楚地看到这篇记述时令的文字是一切"轻重之策的根本",因为不重视按时令生产消费,纵有千万轻重妙术也将无法施展。而轻重之术的运用"时"是一个关键因素,所以《管子》一书开篇就说:"凡有地牧民者,务在四时,守在仓廪。"[2]

除了《轻重己》,其他篇几乎全部是依据中国古典政治经济思想,各节独立成文的经济计谋,可以说是灵活运用轻重之术的公案。其中《轻重甲第八十》《轻重乙第八十一》和《轻重丁第八十三》主要是讲国内

---

[1] 巫宝三:《管子经济思想研究》,中国社会科学出版社,1989年,第282页。
[2] 马非百:《管子轻重篇新诠》,中华书局,1979年版,第724~725页。

经济策略，《轻重戊第八十四》是讲国际间的经济战。

三、什么叫九府

现存包括《乘马第五》在内的《轻重》十七篇，除了《乘马》书三篇、《轻重》书五篇，剩下的九篇显然是司马迁读到的《九府》。那么九府是什么呢？与剩下的《事语第七十一》《海王第七十二》《国蓄第七十三》《山国轨第七十四》《山权数第七十五》《山至数第七十六》《地数第七十七》《揆度第七十八》《国准第七十九》的内容相符合吗？

关于九府，《汉书·食货志下》中说："太公为周立九府圜法。"唐代颜师古《注》云："《周官》大府、玉府、内府、外府、泉府、天府、职内、职金、职币皆掌财币之官，故云九府。圜谓均而通也。"张守节《史记正义》亦主此说："《管子》云'轻重'谓钱也。夫治民有轻重之法，周有大府、玉府、内府、外府、泉府、天府、职内、职金、职币，皆掌财币之官，故云九府也。"

九府是西周九个重要的国家经济机构，追记西周政制的《周礼》对其职能有详细描述。它们分别是：《周礼·天官冢宰第一·大府》《周礼·天官冢宰第一·玉府》《周礼·天官冢宰第一·内府》《周礼·天官冢宰第一·外府》《周礼·地官司徒第二·泉府》《周礼·春官宗伯第三·天府》《周礼·天官冢宰第一·职内》《周礼·秋官司寇第五·职金》《周礼·天官冢宰第一·职币》。

通过《周礼》对九府职能的描述，我们能够清楚地看到"府"在西周是国家蓄积商品、货币（金玉）等的仓库，这些府不单单行使储备物资的职能，还充当调节市场需求的功能，特别显著的就是泉府。而国家储备和调节市场，正是《管子》一书《事语第七十一》至《国准第七十九》所论述的主要内容——它们就是司马迁看到的《九府》书。

《九府》书本是以《国蓄》篇为中心论述国家商业货币政策的九篇紧密联系的论文，借用西周"府"的概念只是为了表达国家储备的重要性。同时我们也能依稀看到，从西周至西汉，国家古典经济思想因革损益的路径——从相对单纯的储备到利用储备的商品和货币，圆熟的以轻重之术调节市场，使之平衡稳定地发展。

论述至此，我们终于可以穿越2100年的时空，随太史公司马迁走进大汉王庭藏书的石室金匮，重读这位伟大学者曾经研习过的轻重之术元典——《乘马》《九府》《轻重》三书，其具体篇目按今本《管子》依次如下：

《乘马》书：《乘马》《巨乘马》《乘马数》。

《九府》书：《国准》《事语》《海王》《国蓄》《山国轨》《山权数》《山至数》《地数第》《揆度》。

《轻重》书：《轻重甲》《轻重乙》《轻重丁》《轻重戊》《轻重己》。

第三节　轻重之术的沉沦与近代西方政治经济学的崛起

物极必反，这条宇宙发展的普遍规律不仅适用于一般事物，也适用于一种理论。

经春秋战国，当中国古典经济学轻重之术理论上逐步成熟起来，实践上创造了西汉富强甲天下的奇迹时，它亦开始走向衰落——其衰落的始点是公元前81年西汉政府召集的盐铁会议。

可以说，在过去五千年里，没有一个事件像公元前81年西汉政府召集的盐铁会议一样对人类历史产生如此深远的影响。它的影响力远远超过一场宫庭斗争，它改变了中华文明的颜色；它的影响力远远超过了中国，催生了目前仍占西方主导地位的自由市场经济理论。今天，世界范围内的左、右政治之争中，我们看到了太多盐铁会议上引起激烈争论的议题。

站在21世纪的晨光中，让我们一起回顾两千多年前的这次会议！目的在于返本开新，为人类寻找可替代道路，提供有益的，甚至是核心的思想资源。

一、历史定格于公元前 81 年

公元前 81 年（西汉昭帝刘弗陵始元六年），农历二月一天的大早，世界上最大城市长安（比当时的罗马城大 3 倍），天气还很冷。丞相车千秋、御史大夫桑弘羊、他们各自的属员丞相史和御史，还有去年刚刚选举出来的 60 余位贤良、文学匆匆赶往大汉王庭，参加 13 岁的汉昭帝下诏召集的经济会议，议题是讨论是否结束盐、铁、酒类由国家专卖给事宜。班固《汉书·昭帝纪》记载说："二月，诏有司问郡国所举贤良文学民所疾苦。议罢盐铁榷酤。"

没想到，一场本来议题简单的经济会议很快演化为一场国家大政方针的交锋，在一次次激烈漫长的讨论中，议题延伸到国家和社会生活的方方面面，从经济到政治、从法律到外交，从历史观到生活方式……

大约十年后，汉宣帝时的庐江太守丞桓宽根据会议资料及参加此次会议的同乡好友朱子伯的追述，这位研习《公羊春秋》的儒者出于"欲以究治乱，成一家之法"（《汉书·公孙刘田王杨蔡陈郑传》）的宏愿，推衍增广，整理出了洋洋数万言的《盐铁论》，使我们有幸如临其境地了解这场会议的真相。后世又称《盐铁论》为《贞山子》或《桓宽盐铁论》。

桓宽，生平不详，据《汉书》所记，他字次公，汝南（今河南上蔡西南）人。博通典籍，善于文章，平生研习《公羊春秋》，与同乡朱子伯交游深厚，后被荐为郎官。汉宣帝时，官至庐江太守丞。

或许桓宽本人也没有想到他铸就了中国历史的分水岭。从此以后，以中国古典经济学轻重之术为代表的中华原生文明形态逐步落下了帷幕，儒家倡导的小农主义的自由政治经济思想逐步垄断中国人的全部生活——他们激进地反对政府干预市场，甚至发展到反对"言利"。《盐铁论》的每一章节都显示出两种治世理念的针锋相对：在"分水岭"的一边，是以御史大夫桑弘羊为首的官方正统思想力量集团，另一边，是正在兴起的民间儒生思想力量集团。难怪东汉王充在《论衡·案书篇》中称本书是"两刃相割，利害乃知；二论相订，是非乃见。"

公元前81年的时候，近乎没有人相信那些儒生将来会成为中国政治的主导力量。桑弘羊甚至说他们"固未可与论治也"。（《盐铁论·相刺第二十》）儒生们反对盐铁专卖，但盐铁会议之后盐铁官营的政策并没有丝毫改变，只是五个月后才有限度地取消了酒类专卖，撤销了主管酒类专卖的官员，改为实行价格控制，限酒价每升四钱。

盐铁会议上儒生的所有主张几乎都没有成为现实政策，这时他们还只是一只只漂亮的蝴蝶，在长期以黄老之学治国的西汉王庭中拍了几下翅膀。但后来的历史证明，他们的确掀起了一场席卷世界历史的急风骤雨！

那么盐铁会议是如何实现"历史的蝴蝶效应"的呢？让我们从头说起。

二、盐铁会议的缘起

公元前 87 年，一代天娇汉武帝驾崩。

武帝一生南征北战，开疆拓土。公元前 119 年漠北之战后，匈奴从此无力大举南下，出现了"匈奴远遁，漠北无王庭"（《汉书·匈奴传》）的局面。至少在表面上，外部的威胁基本上消失了，这在现实层面增加了儒者奢谈以德治国的可能性。因为从孔子到孟子，再到汉初诸儒，在外部强大的威胁之下，他们的主张显得过于迂腐。

这不是说，匈奴的威胁已经不存在，机动性强的匈奴人寇边之事仍时有发生。汉昭帝即位的第一年冬天，匈奴就入侵朔方郡，杀戮吏民，掠夺财物。汉朝廷不得不发兵进驻西河郡，并命左将军上官桀巡查北部边疆。据《汉书·昭帝纪》载："冬，匈奴入朔方，杀略吏民。发军屯西河，左将军桀行北边。"

从汉朝内部看，当时儒生尽管还没有深入文官队伍，但其社会影响力已经极为强大，如董仲舒的思想成为一时显学——通过私学教育手段影响社会进而影响政治轴心，是儒家最后实现独尊地位的历史路径。

在盐铁会议上，主要代表儒家思想的贤良文学显然深受董仲舒这位一代儒宗的影响。王利器先生在《盐铁论译注》序中清楚地看到了这一点。他写道："参加这次会议的 60 多个贤良、文学，他们都是'祖述仲尼'的儒生，除了心不离周公，口不离孔、孟之外，还宣扬当时'推明孔氏'的董仲舒的学术思想。董仲舒是向汉武帝建议要'盐、铁皆归于民'的始作俑者。他攻击秦'用商鞅之法，改帝王之制'，'田租、口赋、盐、铁之利二十倍于古'；他在对策时，宣扬'正其谊不谋其利，明其道不计其功'的儒家说教，反对'与民争利'，认为'亦皆不得兼小利，与民争利业，乃天理也'。他之所谓民，并不是一般的老百姓，而是指的豪门贵族和富商大贾。本书《禁耕篇》所谓：'夫权利之处，必在深山穷泽之中，非豪民不能通其利。'《复古篇》所谓：'往者豪强大家，得管山海之利，采铁石鼓铸，煮海为盐。'正好说明董仲舒扮演的'为民请命'这出剧是怎么回事了。"[1]

不仅民间儒家思想盛行，汉昭帝本人似乎已不再重视黄老，从一年前（公元前82年）他在下令察举盐铁会议上这60多个贤良、文学的诏书中我们看到，这位少年天子所列举的自己所读之书，都是儒家经典，包括《保傅传》《孝经》《论语》《尚书》，无一西汉初年流行的黄老法家作品。《汉书·昭帝纪》收录了这一诏书："朕以眇身获保宗庙，战战栗栗，夙兴夜寐，修古帝王之事，诵《保傅传》《孝经》《论语》《尚书》，未云有明。其令三辅、太常举贤良各二人，郡国文学高第各一人。"

请读者一定注意，从诏书中我们看到，参加这次会议的贤良都是由三辅、太常选拔出来的。当时，太常的职责是掌治帝陵，《汉书·百

---

[1] 王利器：《盐铁论校注》上，中华书局，1992年版，第8~9页。

官公卿表》载:"奉常,秦官,掌宗庙礼仪,有丞。景帝中元六年,更名太常……诸陵县皆属焉。"而其地"皆徙天下豪富民以充实之"。所以这些贤良可以肯定出身于豪门,显然是富民的理想代言人。

由此我们看到,公元前 81 年,汉王朝从上到下,代表富商大贾的儒家思想已经侵入整个社会机体。当外部条件适合的时候,这一思潮终将以某种形式爆发出来——盐铁会议的召开变成儒家思想爆发的导火索,点燃它的是当时手握朝庭权柄的霍光。

三、盐铁会议的始作俑者霍光

参加盐铁会议的权臣有丞相车千秋、御史大夫桑弘羊,但幕后的始作俑者却是当朝的主政大臣霍光。

霍光,字子孟,霍去病的异母兄弟。正是年轻有为的一代名将霍去病将霍光带入了宫庭。他没文化、没功绩,只有忠诚。靠小心谨慎得以在权力的中心步步高升,最后竟成为汉武帝的五位托孤大臣之一(当时昭帝年仅八岁),其他几位分别是车骑将军金日䃅,左将军上官桀,丞相车千秋,御史大夫桑弘羊。

这些人中,丞相车千秋是个明哲保身的专家,同霍光一样,没有什么才能,连匈奴人都称他"妄一男子"。昭帝即位后,他每每讨论政事总是一言不发,将权力让给霍光,霍光也乐此不疲,投桃报李,总是寻机嘉奖他。《汉书·公孙刘田王杨蔡陈郑传》载:"武帝崩,昭帝初即位,未任听政,政事一决大将军光。千秋居丞相位,谨厚有重德。每公卿朝会,光谓千秋曰:'始与君侯俱受先帝遗诏,今光治内,君侯治外,宜有以教督,使光毋负天下。'千秋曰:'唯将军留意,即天下幸甚。'终不肯有所言。光以此重之。每有吉祥嘉应,数褒赏丞相。"

在关系国家政治方向的盐铁会议上,车千秋照样几乎一言不发,结果盐铁会议成为桑弘羊同儒生集团的单打独斗。连《盐铁论》的作者桓宽都指责说:"车千秋丞相处于周公、吕望的地位,在会议中像车轴一样处在中间,闭口不言,保全自身。他呀!他呀!"(原文:车丞相即周、吕之列,当轴处中,括囊不言。彼哉!彼哉!)

车骑将军金日磾在昭帝上台后不久(公元前 86 年)就死了。盐铁会议会第二年,左将军上官桀与御史大夫桑弘羊在宫庭斗争中一起被诛杀,最后霍光得以独揽大权。

据《汉书》,最早向霍光提出召开盐铁会议的是霍光亲信的属吏杜延年。杜延年出生于法律世家,却不赞成重其轻者的刑事政策,他的两个哥及其父杜周办案以严闻名,其独宽厚。杜延年主张召开盐铁会议的理由是汉武帝年间战争费用太高,要回归汉初的政治,所谓"孝文明政",这显然是个幌子,因为盐铁会议上的民间力量没有一个治黄老的学者,倒是请来一大批儒生。《汉书·杜周传》载:"见国家承武帝奢侈师旅之后,数为大将军光言:'年岁比不登,流民未尽还,宜修孝文明政,示以俭约宽和,顺天心,说民意,年岁宜应。'光纳其言,举贤良,议罢酒榷、盐、铁,皆自延年发之。"

此后，汉代儒生常常通过抬高文帝的办法贬低武帝的治国政策。问题是汉文帝施行的是黄老治国思想，而不是儒家治国，两者有天壤之别。盐铁会议召开的真实目的是以儒家治国理念代替黄老治国理念，所以桓宽干脆说这次会议的目的是"舒六艺之风，论太平之原"（《盐铁论·杂论第六十》）。

四、盐铁会议令人惊异的"蝴蝶效应"

细心的学者早就发现，盐铁会议的影响在汉代就显示了出来。不仅仅是有限度的开放酒类专卖这一项。比如，盐铁会议上遭儒生猛烈抨击的均输制度，此后很少有人提及，元帝时罢除被儒者反对的盐铁官和常平仓。均输之制到西汉末年已渐废弛，东汉初年正式省罢。盐铁会议召开160多年后，章帝元和年间（公元84～86）尚书张林建议恢复均输之制，因遭到自己副手（尚书仆射）朱晖的坚决反对而未能施行。朱晖反对的理由仍是被长期误读的"不与民争利"，核心是主张放任主义的自由经济理论。他说："按照先王礼制，天子不说有无，诸侯不说多少，享受俸禄食邑之家不同百姓争夺利益。如今均输之法同贩卖没有区别，盐的利益归官府，那么下边的百姓就会贫穷怨恨，用布丝绸作为租赋，那么吏就会邪恶偷盗，实在不是圣明之主所应当施行的。"（《后汉书·朱乐何列传》原文：王制，天子不言有无，诸侯不言多少，禄食之家不与百姓争利。今均输之法与贾贩无异，盐利归官，则下人穷怨，布帛为租，则吏多奸盗，诚非明主所当宜行。）

儒家主张的放任的、小农主义的自由市场经济必然导致影响社会阶层平衡的兼并之徒兴起。西汉成哀年间（公元前 140～前 1）已经出现了罗裒这样往来京师、巴蜀间，"訾至巨万"的大盐商。至东汉，儒学士族门阀集团崛起，儒生对社会政治经济资源的垄断成为一种常态，并延续达两千年之久。

如果说亚当·斯密，这位现代西方经济学的鼻祖，英国古典政治经济学的主要代表人物直接受到盐铁会议的影响，可能大多数人会以为是天方夜谭，但从马克思到熊彼特，世界上却很少有人能够否定，亚当·斯密的自由放任思想来自法国重农学派，而重农学派则直接受到了儒家经济思想的影响。英国学者约翰·霍布森写道："尽管盎格鲁-撒克逊人偏狭地认为亚当·斯密是第一个政治经济学家，却又认为亚当·斯密的背后是法国的'重农主义者'魁奈，而关键的是，在魁奈的背后是中国，第一个批判重商主义思想的欧洲人，是魁奈，而不是亚当·斯密。"[1]

在十八世纪欧洲知识界，中国在他们心中的地位一如今天美国在许多中国学者心中的地位。在这种历史氛围中，西方政治经济思想受中国的影响当是自然而然的。具体路径是：中国儒家——法国重农学派——英国亚当·斯密。

---

[1] 约翰·霍布森著/孙建党译：《西方文明的东方起源》，山东画报出版社，2009年版，第 175 页。

1746年亚当·斯密陪巴克勒公爵到法国旅行时结识了重农学派的核心人物杜尔哥和魁奈,亚当·斯密的传世名作《国民财富的性质及其原因的研究》(即《国富论》)实际上是仿效杜尔哥的著作《关于财富的形式和分配的考察》而作;他本想将《国富论》献给魁奈,可惜该书出版时,魁奈已去世。

18世纪法国重农主义代表人物魁奈受中国儒家经济思想的影响是显而易见的,他专门写了《中华帝国的专制制度》一书,将中国政治经济体制看作榜样。1946年,美国的Lewis Maverick教授在该书的英译本绪论中谈到自己的研究路径时这样写道:"我在阅读中国古代哲学家孟子的著作时,发现他的论述与18世纪法国重农学派的论述非常相似。于是我萌发了一个想法,决心去探索中国人通过哪些途径影响了这些法国人。"[1]

事实上,19世纪末就有人注意到重农学派和中国文化之间的关系,1896年,亨利·希格斯以鄙视的态度,在他的《重农学派》一书中提到重农学派受到中国"特别强烈的影响"。但对这一问题的研究热潮在20世纪才真正开始。Lewis Maverick教授1938年发表在美国《经济学史》杂志上的一篇论文中明确指出:在20世纪经济学家从法国重农学派那里继承的遗产中,仍保留有来自东方的沉淀物;因些,西方经济学家不应把研究中国的经济和社会思想看作是与西方文明毫

---

[1] 弗朗斯瓦·魁奈著/谈敏译:《中华帝国的专制制度》,商务印书馆,1992年版,"英译本绪论",第1页。

不相干的外来物，而应认识到它们对于西方思想的发展作出了直接贡献。[1]

约翰·霍布森进一步指出，魁奈思想当中有很多概念受惠于中国的政治经济学概念，而其中最重要的是把"无为"概念译成法文的 laissez-faire（自由放任主义）。[2]

历史简直是阴差阳错！因为在中国古典政治经济思想中，"无为"不是"不为"，其本意是"为无为"，就是在适当时机干预（经济）事件的进程，不是自由放任，政府什么都不作——是儒家思想和实践让西方明以后来华的传教士误读了中国古典经济思想——西方经济学主流由此走上了自由放任主义的不归路！

从董仲舒及盐铁会议时代的儒家，从儒化的中国政治经济体制到法国重农学派，再到英国自由市场经济理论的最终形成，盐铁会议这只蝴蝶的影响所及至当代世界政治经济秩序。贯穿其中的思想脉络清楚可见：自由放任的市场经济——在中国，它支撑起了庞大而保守的儒家文官集团；在西方，它为资产阶级垄断世俗权力铺平了道路。

---

[1] 弗朗斯瓦·魁奈著／谈敏译：《中华帝国的专制制度》，商务印书馆，1992年版，"英译本绪论"，第4~5页。
[2] 弗朗斯瓦·魁奈著／谈敏译：《中华帝国的专制制度》，商务印书馆，1992年版，"英译本绪论"，第176页。

从东方到西方，历史是怎样的奇妙啊！两千多年前一小撮儒生反对盐铁专卖，到今天主张自由主义的新古典经济学在世界范围内汹涌澎湃——两者本是同根生！

第三章

市场经济本质再认识
——轻重之术启示录

第一节　市场能够自组织，却不能自动实现均衡

一、市场是一种资源的配置方式和价格确定机制

和现代西方经济学一样，中国古典经济学轻重之术也认为市场是一种资源配置方式和价格确定机制，但在对市场本质的认识上，中国古典经济学比现代西方经济学要全面深刻得多。

市场的首要功能就是商品交换的场所，它使人们通过交换有无，合理利用资源。《管子·问第二十四》上说："而市者，天地之财具也，而万人之所和而利也，正是道也。"

《管子·乘马第五》的作者甚至认为没有市场就不能解决国计民生问题，上面说："无市则民乏矣。"因为市场会激起人们创造财富的精神动力，《管子·侈靡第三十五》上说："市也者，劝也。劝者，所以起。"

中国古典经济学认为，市场是价格形成的机制，市场管理一定要有计划，要努力防止大资本通过操纵市场获取暴利，那将是灾难性的。如果市场上物价较低，没有各种原因产生的暴利，对经济的正常发展就有利。所以说，通过市场就能够知道一个国家的治乱兴衰。另外，我们的先贤注意到市场并不具有直接生产功能，对一个社会来说，过度的商品化显然是有害的。《管子·乘马第五》中有"务市事"一节，

专门言此,上面说:"市者,货之准也。是故百货贱则百利不得,百利不得则百事治,百事治则百用节矣。是故事者生于虑,成于务,失于傲。不虑则不生,不务则不成,不傲则不失。故曰,市者可以知治乱,可以知多寡,而不能为多寡。为之有道。"这段话大意是说:市场是商品供求状况的标志。所以,各种货物价格低廉,各种商业就不能获得高利;各种商业无高利,各项事业就都能搞好;各项事业搞好了,各项需求就都能得到适度的满足。这就是说,事情总是产生于谋虑,成功于努力,失败于骄傲轻心。不谋虑则不能产生,不努力则不能成功,不骄傲轻心则不致失败。所以说,通过市场,可以通晓社会的治乱,可以通晓物资的多寡,只是不能通过它创造物资的多寡而已。市场掌握起来,也是有规律可循的。

与当代西方主流经济学市场假定市场会自动实现平衡不同,中国古典经济学轻重之术强调市场具有自组织的功能,但却不能自动实现均衡。

事实上,历史经验告诉我们,不受干预的市场必然导致失衡,甚至是市场体系的崩溃。但西方学术范式容易被概念和公理形成的自恰逻辑体系所窒息,所以尽管现实中市场在整体上不会趋向平衡,西方学界还在顽固坚持均衡理论。熟谙金融市场的美国投资家乔治·索罗斯注意到,市场自我强化的趋势是一般的规律,而不是特例。谈到均衡概念的历史渊源以及均衡理论的本质缺陷,他说:"再看看古典学派的经济学理论,其使用的均衡概念其实就是对牛顿物理学模仿的结果。在金融市场上,预期是起到关键作用的,如果认为市场会趋向均衡,那就是不符合现实的。理性预期理论更是离谱，认为营造了一个均衡成为常态的世界，在这个世界里，现实要服从于理论而不是理论去适应现实。"[1] 名实颠倒——西方政治经济学常常荒唐如此！

西方学术的类似错误和荒唐，中国学人习惯上将其当作先进思想引入。那么，中国古典经济学轻重之术已经对市场有了更为深入的认识怎么办？就是用中国人发现的市场自组织功能比附市场均衡理论，将其巧妙地置换掉，而对市场不能自动实现均衡的重要论断则视而不见。这里，我们已经看不到学术与骗术的界线。"经济"的本意是经世济民，若经济学不能够经世济民，只是经济学家头脑中的思辨——我们何以面对辛苦劳作的普通民众！我们这样作学问，其心何忍！

二、市场本身具有自组织功能，不需要政府组织

为了给自由主义经济学的核心均衡理论作注脚，中国学人最爱引用司马迁《史记·货殖列传》开篇的一段话，这段话是讲，由于人民天生的求富心理，市场本身具有自组织功能，不需要政府去组织。它根本不是讲如何对待市场经济的。这段话较长，我们还是全部录在这里，目的是让世人懂得中国有些学者是如何通过断章取义，做到自欺欺人、误己误人的。司马迁的论述言简意赅，雄辩有力，上面说：

老子曰："至治之极，邻国相望，鸡狗之声相闻，民各甘其食，美

---

[1] 乔治·索罗斯著 / 刘丽娜，綦相译：《索罗斯带你走出金融危机》，机械工业出版社，2009年版，第58页。

第三章　市场经济本质再认识——轻重之术启示录

其服，安其俗，乐其业，至老死不相往来。"必用此为务，挽近世涂民耳目，则几无行矣。太史公曰："夫神农以前，吾不知已。至若《诗》《书》所述虞、夏以来，耳目欲极声色之好，口欲穷刍豢之味，身安逸乐，而心夸矜势能之荣。使俗之渐民久矣，虽户说以眇论，终不能化。故善者因之，其次利道之，其次教诲之，其次整齐之，最下者与之争。夫山西饶材、竹、榖、纑、旄、玉石；山东多鱼、盐、漆、丝、声色；江南出楠、梓、姜、桂、金、锡、连、丹沙、犀、玳瑁、珠玑、齿革；龙门、碣石北多马、牛、羊、旃裘、筋角；铜、铁则千里往往山出棋置，此其大较也。皆中国人民所喜好，谣俗被服饮食奉生送死之具也。故待农而食之，虞而出之，工而成之，商而通之。此宁有政教发征期会哉？人各任其能，竭其力，以得所欲。故物贱之征贵，贵之征贱，各劝其业，乐其事，若水之趋下，日夜无休时，不召而自来，不求而民出之。岂非道之所符，而自然之验邪？"（文意：老子说："太平盛世到了极盛时期，虽然邻近的国家互相望得见，鸡鸣狗吠之声互相听得到，而各国人民却都以为自家的饮食最甘美，自己的服装最漂亮，习惯于本地的习俗，喜爱自己所事行业，以至于老死也不互相往来。"到了近世，如果还要按这一套去办事，那就等于堵塞人民的耳目，几乎是无法行得通。太史公说：神农氏以前的情况，我不了解。至于像《诗》《书》所述虞舜、夏朝以来的情况，则是人们耳目总要听到最好听，看到最好看的，口胃总想尝遍各种肉类的美味，身体安于舒适快乐的环境，心中又夸耀有权势、有才干的光荣。统治者让这种风气浸染百姓，已经很久了，即使用老子的这些妙论挨门逐户地去劝说开导，终不能感化谁。所以，最好的办法是听其自然，其次是随势引导，其次是加以教诲，其次是制定规章制度加以约束，最坏的做法是与民争利。太行山以西盛产木材、竹子、楮木、野麻、牦牛尾、玉石；太行山以东多有鱼、盐、漆、丝、美女；江南出产楠木、梓树、生姜、桂花、金、锡、铅、朱砂、犀牛、玳瑁、珠子、象牙兽皮；龙门、碣石山以北地区盛产马、牛、羊、毡裘、兽筋兽角；铜和铁则分布在周围千里远近，山中到处都是，有如棋子满布。这是关于各地物产分布的大致情况。这些都是中国人民所喜好的，习用的穿着、饮食、养生、送死之物。所以，人们要靠农民耕种，取得食物，要靠虞人进山开采、渔夫下水捕捉，获得物品，要靠工匠制造，取得器具，要靠商人贸易，流通货物。这难道还需要官府发布政令，征发百姓，限期会集吗？人们都凭自己的才能，竭尽自己的力量，来满足自己的欲望。所以，低价的货物能够高价出售，高价的货物能够低价购进。人们各自努力经营自己的本业，乐于从事自己的工作，就像水从高处流向低处那样，日日夜夜没有休止的时候，不用招唤便会自动前来，不用请求便会生产出来。这难道不是符合规律而得以自然发展的证明吗？）

在《管子》一书中，类似论述更为精练，都是讲利用人趋利避害的本性富国，而不是讲政府要尽量少地干预市场，因为这与中国古典经济学轻重之术对市场本质的认识不符。比如《管子·侈靡第三十五》上说：老百姓别无什么宝物，只是把求利看得最重，上下奔波，唯利所趋。有财利然后能流通，有流通然后立国。（原文：百姓无宝，以利为首。一上一下，唯利所处。利然后能通，通然后成国。）

《管子·小匡第二十》谈到对商人的治理时，也看到了市场的自组织功能。上面说：要使商人居处相聚而集中，他们观察年景好坏，了解国内情况，观察四时，注意本乡货物，而预知市场物价。他们负任担荷，赶牛驾马，以周游四方。料定物资多寡，估计商品贵贱，以其所有，易其所无，贱买贵卖。所以，羽旄一类的珍品，不必远求而自至；竹箭一类的产品，在国内就有剩余。奇怪的商品经常到来，珍异的东西也有聚集。（原文：今夫商群萃而州处，观凶饥，审国变，察其四时而监其乡之货，以知其市之贾。负任担荷，服牛辂马，以周四方。料多少，计贵贱，以其所有，易其所无，买贱鬻贵。是以羽旄不求而至，竹箭有余于国。奇怪时来，珍异物聚。

再比如《管子·禁藏第五十三》也讲，国家当顺应人民逐利的本性，因势利导，实现"民自美安""民自富"。上面说：凡是社会的治与乱，其根源都从根本问题上开始。所以，善治国者要用"害"来约束人们，用"利"来引导人们，能掌握人们利害者，则财富增加而过错减少。凡人之常情，见利没有不追求的，见害没有不想躲避的。商人做买卖，一天赶两天的路，夜以继日，千里迢迢而不以为远，是因为利在前面。渔民下海捕捞，海有万仞之深，在那里逆流冒险，航行百里，昼夜都不出来，是因为利在水中。因此，利之所在，即使千仞的高山，人们也要上；即使深渊之下，人们也愿意进去。所以，善治国者，掌握住利源之所在，人民就自然羡慕而甘心接受。无须推动，他们也会向前。无须引导，他们也会跟进。不烦民又不扰民，而人民自然富裕。国家对此应该就像鸟孵卵一样，无形无声，任其自然而成。（原文：故凡治乱之情，皆道上始。故善者圉之以害，牵之以利。能利害者，财多而过寡矣。夫凡人之情，见利莫能勿就，见害莫能勿避。其商人通贾，倍道兼行，夜以续日，千里而不远者，利在前也。渔人之入海，海深万仞，就彼逆流,乘危百里,宿夜不出者,利在水也。故利之所在,虽千仞之山,无所不上;深源之下,无所不入焉。故善者势利之在,而民自美安,不推而往,不引而来,不烦不扰,而民自富。如鸟之覆卵,无形无声,而唯见其成。)

三、市场不会自动实现均衡,需要政府及时干预

请注意,这里讲治国的应因之道,无为而治,不是什么事也不做,而是"为无为"。因为市场不会自动实现均衡,需要政府及时干预——这才是轻重之术的精髓所在。所以司马迁在上面的引文后面接着就讲,除了要将经济蛋糕做大("原大"),还要用轻重之术调节"巧者有余,拙者不足"的市场,他认为这是管子相桓公,称雄天下的原因所在。上面说:

《周书》曰:"农不出则乏其食,工不出则乏其事,商不出则三宝绝,虞不出则财匮少,匮少而山泽不辟矣。"此四者,民所衣食之原(原通"源"——笔者注)也。原大则饶,原小则鲜。上则富国,下则富家。贫富之道,莫之夺予,而巧者有余,拙者不足。故太公望封于营丘,地潟卤,人民寡,于是太公劝其女功,极技巧,通鱼盐,则人物归之,繈至而辐凑。故齐冠带衣履天下,海岱之间敛袂而往朝焉。其后,齐中衰,管子修之,设轻重九府,则桓公以霸,九合诸侯,一匡天下。(文意:《周书》里说:"农民不种田,粮食就会缺乏;工匠不做工生产,器具就会缺少;商人不做买卖,吃的、用的和钱财这三种宝物就会断绝来路;虞人不开发山泽,资源就会短缺。资源匮乏了,山泽就不能进一步开发。"农、工、商、虞这四个方面,是人民衣食的来源。来源大则富裕,来源小则贫困;

来源大了，上可以富国，下可以富家。或贫或富，没有谁能剥夺或施予，但机敏的人总是财富有余，而愚笨的人却往往衣食不足。所以，姜太公被封在营丘时，那里本来多是盐碱地，人烟稀少，于是姜太公便鼓励妇女致力于纺织刺绣，极力提倡工艺技巧，又让人们把鱼类、海盐贩运到其他地区去，结果别国的人和财物纷纷流归于齐国，就像钱串那样，络绎不绝，就像车辐那样，聚集于此。所以，齐国因能制造冠带衣履供应天下所用，东海、泰山之间的诸侯们便都整理衣袖去朝拜齐国。后来，齐国中途衰落，管仲重新修治姜太公的事业，设立管理财政的九个官府，使齐桓公得以称霸，多次以霸主身份会合诸侯，使天下得到匡正。）

　　轻重之术不断强调"调通民利""调民利"的重要性。两千多年前，中国的政治经济学家就告诉我们，由于人的禀赋不同，市场不会自动实现均衡。**国家必须具有调控市场的强大力量。像今天世界各个主要国家这样，在经济危机发生后，只会拿着西方经济学教科书发行货币，掠夺自然资源，将财富蛋糕做大是不行的——因为自然资源是有限的，市场本身具有复杂的结构，这样管理经济，实为死路一条。**《管子·国蓄第七十三》所谓："不能调通民利，不可以语制为大治。"

　　如果国家不能调控市场，由于市场本身的正反馈功能，商业阶层必然垄断市场，导致贫富不均，社会结构失衡。这时仅靠发行货币的办法刺激经济不行，还要用政治手段调节分配。《管子·国蓄第七十三》的作者写道：凡将治国，不懂得轻重之术，就不能组织经济控制民众；不能够调剂民利，就不能讲求管制经济来实现国家大治。

所以，一个万乘之国如果出现了万金的大商贾，一个千乘之国如果出现了千金的大商贾，这说明什么呢？这说明国家财利大量流失，这样臣子就不肯尽忠，战士也不肯效死了。年景有丰有歉，故粮价有贵有贱，号令有缓有急，故物价有高有低。如果人君不能及时治理，富商就进出于市场，利用人民的困难，牟取百倍的厚利。相同的土地，强者善于掌握；相同的财产，智者善于收罗。往往是智者可以攫取十倍的高利，而愚者连本钱都捞不回来。如果人君不能及时调剂，民间财产就会出现百倍的差距。人太富了，利禄就驱使不动；太穷了，刑罚就威慑不住。法令的不能贯彻，万民的不能治理，是由于社会上贫富不均的缘故。而且，君主经过计算度量，耕田垦地多少，本来是心中有数的。百姓口粮，也换算成每人一定亩数的土地。统计一下产粮和存粮本来是够吃够用的，然而人民仍有挨饿吃不上饭的，这是为什么呢？因为粮食被囤积起来了。君主铸造发行的货币，是民间的交易手段，这也算好了每人需要几百几千的数目，然而仍有人用费不足，钱不够用，这又是为什么呢？因为钱财被积聚起来了。所以，一个君主，如不能散开囤积，调剂余缺，分散兼并的财利，调节人民的花费，即使加强农业，督促生产，而且自己在那里无休止地铸造货币，也只是造成人民互相奴役而已，还哪里谈得上国家大治呢？（原文：凡将为国，不通于轻重，不可为笼以守民；不能调通民利，不可以语制为大治。是故万乘之国有万金之贾，千乘之国有千金之贾，然者何也？国多失利，则臣不尽其忠，士不尽其死矣。岁有凶穰，故谷有贵贱；令有缓急，故物有轻重。然而人君不能治，故使蓄贾游市，乘民之不给，百倍其本。分地若一，强者能守；分财若一，智者能收。智者有什倍人之功，愚者有不赓本之事。然而人君不能调，故民有相百倍之生也。夫民富则不可以禄使也，贫则不可以罚威也。法令之不行，万民之不治，贫富之不齐也。且君引銶量用，耕田发草，上得其数矣。民人所食，人有若干步亩之数矣，计本量委则足矣。然而民有饥饿不食者何也？谷有所藏也。人君铸钱立币，民庶之通施也，人有若干百千之数矣。然而人事不及、用不足者何也？利有所并藏也。然则人君非能散积聚，钧羡不足，分并财利而调民事也，则君虽强本趣耕，而自为铸币而无已，乃今使民下相役耳，恶能以为治乎？）

《管子·揆度第七十八》更明确地指出，国家要参与到市场经济之中，这样才能"调民利"。今天有人看到国家干预经济，动不动就以"与民争利"为由大加反对。这些人实际上反对的是国家与"富民争利"，目的是让富人与"人民争利"，在这个大是大非的问题上，我们一定要认识清楚。《管子·揆度第七十八》引管子言曰："善于管理商业的，就要由国家同时办商业。国家办商业，市场就会清静；市场清静，农业劳动力就充足；农业劳力充足，人民财物就丰富；人民财物丰富，君主的税收就取之不竭了。现在的情况则不然，商人贵卖，君主跟着贵买，贵而不能使之贱；商人贱卖，君主跟着贱买。贱而不能使之贵。天下善于管理的不是这样，私商卖贵则国家商业卖得贱，私商买贱则国家商业买得贵。这乃是损有余以补不足的理财方法。所以，凡国家不能调剂民财，就不能做到大治。"（原文：管子曰："善正商任者省有肆，省有肆则市朝闲，市朝闲则田野充，田野充则民财足，民财足则君赋敛焉不穷。今则不然，民重而君重，重而不能轻；民轻而君轻，轻而不能重。天下善者不然，民重则君轻，民轻则君重，此乃财（通"裁"——笔者注）余以满不足之数也。故凡不能调民利者，不可以为大治。"）

　　市场不能调控，经济失衡，必然导致政治失衡，阶级分化，一个阶级压迫、剥削另一个阶级。若国家经济由商业阶层垄断，就会出现一国二君二王，利出二孔三孔的情况，结果是国家的衰亡。《管子·轻重甲第八十》上有一则管子与齐桓公的对话，讲的就是这个道理。管仲说："万乘之国如有万金的大商人，千乘之国如有千金的大商人，百乘之国如有百金的大商人，他们都不是君主所依靠的，而是君主所应抑制的对象。所以，为人君而不严格注意号令的运用，那就等于一个国家存在两个君主或两个国王了。"桓公说："何谓一国而存在两个君主或两个国王呢？"管仲回答说："现在国君收税采用直接征收正税的形式，老百姓的产品为交税而急于抛售，往往降价一半，落入商人手中。这就相当于一国而二君二王了。所以，商人乘民之危来控制百姓销售产品的时机，使贫者丧失财物，等于双重的贫困；使农夫失掉粮食，等于加倍的消耗。"（原文：管子曰："万乘之国必有万金之贾，千乘之国必有千金之贾，百乘之国必有百金之贾，非君之所赖也，君之所与。故为人君而不审其号令，则中一国而二君二王也。"桓公曰："何谓一国而二君二王？"管子对曰："今君之籍取以正，万物之贾轻去其分，皆入于商贾，此中一国而二君二王也。故贾人乘其弊以守民之时，贫者失其财，是重贫也；农夫失其五谷，是重竭也。"）

　　《管子·国蓄第七十三》的作者进一步指出了国家不能调控市场的危害，是从经济、军事的角度说的。文章形象地指出：经济权益由国家统一掌握，这样的国家强大无敌；分两家掌握，军事力量将削弱一半；

分三家掌握，就无力出兵作战；分四家掌握，其国家一定灭亡。先王明白这个道理，所以杜绝商人谋取高利，限制他们获利的途径。（原文：利出于一孔者，其国无敌；出二孔者，其兵半诎；出三孔者，不可以举兵；出四孔者，其国必亡。先王知其然，故塞民之羡，隘其利途。）

综上所述，中国古典经济学轻重之术实际上是主张"两手并用"，一方面通过市场这只"看不见的手"富民强国，另一方面通过政府这只"看得见的手"及时防止市场失衡。反观一下在经济危机中挣扎的西方世界，我们就会看到，由于政治上有产阶层垄断国家政权，其衰亡的命运似乎很难扭转，因为当今世界上还没有什么力量能够"隘其利途"。

面对市场无法自动实现均衡的特点，既然国家要"调通民利"，调控市场，那么其调控目标是什么？

与现代西方经济学不同，轻重之术市场调控的目标不是增长，而是均平。

第二节　市场调控的目标不是增长，而是均平

一、应化之道，平衡而止

上医医国，其次疾人。

中国学术大道一贯。如同中医调治疾病，力求使体内的阴阳达到平衡一样，中国古典经济学轻重之术调控市场的目标也是社会系统的动态平衡，即百姓均平。中国古代政治学元典《黄帝四经·道法》所谓："应化之道，平衡而止。"

从孔子到管子，先贤对百姓均平的孜孜以求，反映出均平是国人思维方式和价值体系的核心。孔子有一句流传极广的话："丘也闻有国有家者，不患寡而患不均，不患贫而患不安。"（《论语·季氏篇第十六》），这与西方人在体育上和经济上都追求更快、更好完全不同。事实上西方人这种线性进步观没有任何现实的依据，它完全出于工业革命以来激发的短浅的乐观主义。最近，经济学家仲大军先生在谈到全球经济的不稳定现状时一针见血地指出了资本主义这一"增长陷阱"，他写道："谈经济运行如果不上升到思想层面加深认识，便不可能深刻。西方学者已经从理论上开始剖析世界经济的问题。他们得出的最后结论就是：极端资本主义就是自我毁灭……资本主义最大的弊端就是它不能估量资源的有限性，它意识不到经济持续的快速增长是不可能的事情，它放任人的贪婪欲望。永久增长神话是现代资本主义中的一个伪科学论证。"[1]

而在中国人的哲学观念中，不是单向度的增长，平衡才是"好"的。美国物理学家卡普拉谈到中国哲学的阴阳概念时，其对《周易·系辞上》

---

[1] 仲大军：《面对全球性的经济收缩》，载北京大军智库经济咨询有限公司网站，网址：http://www.dajunzk.com/wenji120718.htm，访问日期：2012年8月1日。

"一阴一阳之谓道"的理解十分精当。他写道：

"按照中国人的观点，道的所有表现都是由这些原始模型两极之间动态的相互作用产生的。这两极与自然和社会生活中许多对立的象征有关。对西方人来说，要理解这些对立面并非属于不同的范畴，而只是一个整体的极端，既重要又困难。没有任何事物只是阴或只是阳。一切自然现象都是这两极之间不断振荡的表现，所有的转变都是逐渐发生，持续不断发展。自然的秩序就是阴与阳之间的动态平衡。"

……

"在中国文化中，阴阳从不涉及任何伦理价值。所谓'好'，既非指阴也非指阳，而是指两者之间的动态平衡；而所谓'坏'或有害，则是指失去平衡。"[1]

在政治经济实践中，社会系统的均平是多维的。包括人与自然的平衡、社会各阶层的平衡、商品与货币的平衡、国内外物价的平衡等方方面面。轻重之术运用之妙，存乎一心。

——这个"心"，就是损有余补不足的天之道！

---

[1] F·卡普拉著／卫飒英、李四南译：《转折点——科学、社会和正在兴起的文化》，四川科学技术出版社，1988年版，第17~18页。

二、损有余补不足

关于损有余补不足的哲学意义,《老子·第七十七章》阐述得最为清楚。上面说:"天之道,其犹张弓与?高者抑之,下者举之,有余者损之,不足者补之。天之道,损有余而补不足。人之道,则不然,损不足以奉有余。孰能有余以奉天下,唯有道者。"文中将损有余补不足称为天之道,天道就如同拉弓射箭,抬得太高的,就要让它低下些,抬得太低的,就举高它,以便保持平衡。这也是中医的核心理念,通过对体内的有余和不足的调节,也就是损有余而补不足,来实现人体的阴阳动态平衡。

中医理论经典《黄帝内经·素问·玉版论要篇第十五》记有一则黄帝与岐伯间的对话,主要是就讲"以平为期"的治疗原则。故事说:"黄帝道:诊察的方法怎样?岐伯说:必先度量病人的身形肥瘦,了解它的正气虚实,实证用泻法,虚症用补法。但必先去除血脉中的凝滞,而后调补气血的不足,不论治疗什么病都是以达到气血平衡为准则。"(原文:帝曰:以候奈何?岐伯曰:必先度其形之肥瘦,以调其气之虚实,实则泻之,虚则补之。必先去其血脉而后调之,无问其病,以平为期。)

损有余补不足用于治道,与中国古典经济学轻重之术注重社会系统的差序有关。我们的先贤认为人生来是不平等的,总会存在"有余"和"不足",只有站在整体的角度去调节才能实现社会系统的平衡;西方主流政治经济理论正好相反,它假定人与人之间的能力都是平等的,但这只是"假定而已",这种缺乏现实基础、凭空假定的结果是社会必然出现阶层鸿沟,甚至导致整个社会体系的崩溃。《盐铁论·轻重第十四》形象而雄辩地指出了在社会政治经济失衡的条件下,国家行损益之道的重要性。上面说:池塘里有猵獭,鱼类就不得安宁,国家有了豪强恶霸,百姓就吃尽苦头。所以,茂密的树林下没有繁盛的青草,大土块里长不出好的禾苗。治理国家的方法,首先要肃清奸邪,铲除豪强,这样,百姓才能贫富均平,安居乐业。张廷尉修改法令,用严法来治理天下,制裁奸商恶霸,消灭兼并土地的歹徒,使力强的不敢欺负力弱的,人多的不敢欺凌人少的。大夫君桑弘羊想方设法,筹集国家费用,垄断天下盐铁等项利益,以排挤富商大贾的势力,用买官、赎罪的办法,来削减有钱的人,补贴贫乏的人,从而使百姓贫富均平。所以用兵东征西讨,没有增加税收而费用仍然充足。但是,损彼益此之道,聪明的人都看得清清楚楚,而不是一般人所能理解的。(原文:水有猵獭而池鱼劳,国有强御而齐民消。故茂林之下无丰草,大块之间无美苗。夫理国之道,除秽锄豪,然后百姓均平,各安其宇。张廷尉论定律令,明法以绳天下,诛奸猾,绝并兼之徒。而强不凌弱,众不暴寡。大夫君运筹策,建国用,笼天下盐铁诸利,以排富商大贾,买官赎罪,损有余,补不足,以齐黎民。是以兵革东西征伐,赋敛不增而用足。夫损益之事,贤者所睹,非众人之所知也。)

中国哲学重差序的观念可以上溯到中华文明的根——礼制。《礼记·曲礼上第一》说:"夫礼者,所以定亲疏,决嫌疑,别同异,明是非也。"《礼记·乐记第十九》也说:"乐者为同,礼者为异。同则相亲,异则相敬……礼义立,则贵贱等矣。"

《管子·乘马第五》的作者认为，正是因为社会差序的存在，一个社会才能完好地运行，但这种社会差序一定要公正。上面说：朝廷是仪法的体现。所以，朝廷爵位安排正确，人民才不会怨恨，人民没有怨恨，就不会作乱，然后，仪法才可以体现。如果安排不公正，就不可能体现。看来，一国之人不可能都尊贵，都尊贵了，事情不好办，还对国家不利。正因为事情不好办对国家不利，若没有少数人尊贵，人们是不能自己管理自己的。所以，分清爵位排列的高低，人们才知道先后的次序和贵贱的仪法，管理起来也是有规可循的。（原文：朝者，义之理也。是故，爵位正而民不怨；民不怨则不乱，然后义可理。理不正，则不可以治，而不可不理也。故一国之人，不可以皆贵。皆贵，则事不成而国不利也。为事之不成，国之不利也，使无贵者，则民不能自理也。是故，辨于爵列之尊卑，则知先后之序，贵贱之义矣，为之有道。）

三、轻重之术实现百姓均平的方式

在农业时代，粮食是最重要的生产生活资料，所以古人重视调节粮食价格，以实现各阶层利益均平。据《越绝书·越绝计倪内经第五》载，越王勾践曾问计然，为何在丰收之年，仍会有贫困乞讨的人呢？计然回答说，这是因为人的天性就不一样，正如同母异父之人，一举一动都不同一样，所以由于各种原因有些人会陷入贫困，关键在于维系社会各阶层利益的整体平衡。于是计然提出了他有名的平籴理论，就是开官市，使买入粮食的价格最高不能超过石米八十，最低不能低于石米三十。这样，社会上两个主要阶层农夫与商人的利益就均衡了。（原文：越王曰："善。今岁比熟，尚有贫乞者，何也？"计倪（即计然——笔者注）对曰："是故不等，犹同母之人，异父之子，动作不同术，贫富故不等。如此者，积负于人，不能救其前后。志意侵下，作务日给，非有道术，又无上赐，贫乞故长久。"越王曰："善。大夫佚同、苦成，尝与孤议于会稽石室，孤非其言也。今大夫言独与孤比，请遂受教焉。"计倪曰："籴石二十则伤农，九十则病末。农伤则草木不辟，末病则货不出。故籴高不过八十，下不过三十，农末俱利矣。故古之治邦者本之，货物官市开而至。"越王曰："善。"）

轻重之术实现百姓均平的方式是多种多样的，比如反对商人参政，自然资源国有、对富人收重税、财政转移支付等。《管子》一书对于人类生产生活必须的木材十分重视，并主张森林国有，认为这是去兼并，实现百姓均平的重要方面。《管子·轻重甲第八十》引管子言曰："故为人君而不能谨守其山林、菹泽、草莱，不可以立为天下王……山林、菹泽、草莱者，薪蒸之所出，牺牲之所起也。故使民求之，使民籍之，因此给之。"这是说，为人君主而不能严格控制其山林、沼泽和草地，也是不能成就王业的。因为山林、沼泽和草地是出产柴薪的地方，也是出产牛羊等祭祀用物的地方。所以，应当让百姓到那里去开发，去追捕渔猎，然后由政府作价卖给他们。

除了森林国营，《管子》的作者还主张按纳税人的实际承受能力收取木材使用税，使富者纳税多，贫者纳税少，以求百姓均平。《管子·山国轨第七十四》的作者写道：免除田赋，收税于山林资源。富户厚葬者出高价，小户薄葬者出低价；富户盖好房子出高价，贫户盖小房子出低价。君主设立统计制度于国内，就像使用绳索一样控制人民的贫富。（原文：去其田赋，以租其山；巨家重葬其亲者服重租，小家菲葬其亲者服小租；巨家美修其宫室者服重租，小家为室庐者服小租。上立轨于国，民之贫富，如加之以绳。）

需要特别指出的是，中国古典经济学轻重之术讲的平衡包括人类社会与自然间的平衡，这就要求节制消费，取民有度。今天西方泛滥的消费主义看不到自然资源的有限性，其已经到了威胁人类整体生存的地步，反观轻重之术的思想，我们不得不三思。

《管子·权修第三》的作者在强调人力物力的有限性之后，警告统治者要节制消费，否则即使国家地大物博也是极其危险的。上面说，土地生产财富受时节的限制，人民花费劳力有疲倦的时候，但是人君的欲望则是无止境的。以"生财有时"的土地和"用力有倦"的人民来供养欲望无穷的君主，这中间若没有一个合理的限度，上下之间就会互相怨恨。于是臣杀其君，子杀其父的现象产生了。因此，对人民征收有度，消费又有节制的，国家虽小也一定安宁；对人民征收无度，消费没有节制的，国家虽大也一定危亡。（原文：地之生财有时，民之用力有倦，而人君之欲无穷。以有时与有倦，养无穷之君，而度量不生于其间，则上下相疾也。是以臣有杀其君，子有杀其父者矣。故取于民有度，用之有止，国虽小必安；取于民无度，用之不止，国虽大必危。）

《管子·权修第三》也指出节制消费是政治稳定的基础，这与今天许多人将刺激消费，拉动经济增长作为政权合法性、政治稳定的基础完全不同。上面说：土地开辟了，而国家仍然贫穷，那是君主的舟车过于豪华、楼台亭阁过多的原故。赏罚信实而兵力仍然薄弱，那是轻易兴师动众、使民过劳的原故。因为，舟车豪华，楼台亭阁过多，就会使赋税繁重；轻易兴师动众，使民过劳，就造成民力枯竭。赋税繁重则人民怨恨朝廷，民力枯竭则政令无法推行。人民怨恨，政令不行，而求敌国不来侵略，那是办不到的。（原文：地辟而国贫者，舟舆饰、台榭广也；赏罚信而兵弱者，轻用众、使民劳也。舟车饰、台榭广，则赋敛厚矣；轻用众、使民劳，则民力竭矣。赋敛厚，则下怨上矣；民力竭，则令不行矣。下怨上，令不行，而求敌之勿谋己，不可得也。）

"舟舆饰、台榭广"，必然浪费大量人力物力资源，而像重要建设材料树木，需数十年甚至上百年才能成材，所以绝对不可随意采伐，更不能像现代西方政府一样在保护本国森林的同时去砍伐别国的热带雨林。所以**要实现自然与人类间的动态平衡，还要学习轻重之术，从消费入手，这才是治本之策。**

第三节　市场商品与货币双向调节的重要性

在二元对立的思维方式影响下，西方人常常不能把握系统中有阴有阳的中道。比如在政治领域，西方人重罚而轻赏，这与中国传统政治赏罚并重有很大区别；在经济领域，中国人习惯于用商品和货币调节市场，而现代西方人则是重货币而轻商品。

行轻重之术，一个重要的先决条件就是商品和货币的储备，因为只有充足的储备才能敛散有余，调节有力，以实现百姓均平，国家富强。王季思先生在《读俞寰澄先生著〈管子之统制经济〉》一文中释轻重之术云："所谓轻重，约言之，是以政府的权力看物价的贵贱，因时因地，或敛或散，以稳定物价，保持物资，这一方面可以防止豪商屯户之兼并，使社会上不致有大贫大富之存在，为国家分裂变乱之主因；一方面使国家的财源不至匮乏，以自立于不败之地步。"[1]

所以中国古典经济学轻重之术重储备，特别是基本商品（在农业时代主要是粮食）和货币的储备。《管子·国蓄第七十三》开篇就讲商品和货币储备的重要性，认为这是驭民的根本。上面说，国家有十年的粮食储备，而人民的粮食还不够吃，人民就想用自己的技能求取君主的俸禄；国君有经营山海（盐铁专卖）的大量收入，而人民的用度还不充足，人民就想用自己的功业换取君主的金钱。所以，国君能控制粮食，掌握货币，依靠国家的有余控制民间的不足，人民就没有不依附于君主的了。粮食，是人民生命的主宰；货币，是人民的交易手段。所以，善于治国的君主，掌握他们的流通手段来控制主宰他们生命的粮食，就可以最大限度地使用民力了。（原文：国有十年之蓄，而民不足于食，皆以其技能望君之禄也；君有山海之金，而民不足于用，是

---

[1] 司马琪：《十家论管》，上海人民出版社，2008年版，第157页。

皆以其事业交接于君上也。故人君挟其食，守其用，据有余而制不足，故民无不累于上也。五谷食米，民之司命也；黄金刀币，民之通施也。故善者执其通施以御其司命，故民力可得而尽也。）

《管子·事语第七十一》的作者以更为精练的语言谈储备的重要性时也说："非有积蓄，不可以用人，非有积财，无以劝下。"

至于如何用商品和货币双向调节市场，简单地说就是《管子·国蓄第七十三》讲的，市场上商品丰富价格低廉时政府收购，商品匮乏价格居高位时政府卖出，通过这种操作稳定市场，获取财政收入。（原文：夫民有余则轻之，故人君敛之以轻；民不足则重之，故人君散之以重。敛积之以轻，散行之以重，故君必有什倍之利，而财之櫎可得而平也。）

《管子·山至数第七十六》对这种双向调节市场作了更为精彩的论述，主要包括国内市场和国际市场两个方面，都是以经济手段为主，行政手段以辅——先国内再国外。

国内政策的关键是在低价时收购，高价时卖出低价收购的商品，所谓"藏轻，出轻以重"；国外政策的关键是以高价吸纳诸侯国的战略物资谷物，所谓"以重藏轻"。两者是相互关联的，下面引桓公与管子对话说：

桓公又问管仲："保证终身享有天下而不失。有办法做到吗？"管仲回答说："这办法不要先在普天下实行，只可先在本国实行。"桓公说："这话是什么意思？"管仲回答说："国内土地的大小和土壤的肥瘠是有定数的，全年粮食的消费和剩余也有定数。主持国政的，只需经营好粮食就行。也就是说，无论某县的土地多大，也无论某县多小，都必须有一笔货币储备，在该县州里向农民贷放公款。到了大秋，粮价下降三分之一，国君便下令通告郡县属大夫管辖的里邑都来向政府交售粮食。粮价与时价相同，国家把粮食储藏起来。结果，国内粮食如果算作三分，有二分掌握在国家手里。翌年春天，粮价成倍上涨，就是因为此法。夏天，便把粮食按市价发放民间，此时百姓正需要粮食经营农事。到了大秋，就对农民说：'过去存在你手里的粮食是多少，现在国家要求折成钱数归还。'百姓说：'手里无钱只好还粮。'结果农民剩下的十分之三的粮食又归国家了。这样，利用粮价的上涨，掌握季节的变化，无不是国家的理财之道。君主取用大夫的存粮，是通过流通拿到国家手里的。取用百姓的粮食，是通过季节价格变化拿到手里的。囤积低价的粮食，再用高价卖出去，这都是有效的办法。这样做，哪里还容有自谋私利的大夫独自囤粮食呢？至于各诸侯国的粮食，如果他们的粮价是十，我们是二十，那么各诸侯国的粮食就流归我国了。如果他们是二十，我们是十，我们的粮食就流归各诸侯国了。所以，善治天下者，必须严守高价流通政策，各诸侯国就无法泄散我国的粮食。粮食流向高价的地方，就像水往低处流一样。我们国家并不是发生灾荒，而是投放货币加以囤积，使粮价加倍提高，所以各诸侯国的粮食就来到了。这就是我们藏一分就可以吸取各诸侯国的一分。财利不致被外国所夺，大夫也不能占有粮食过多。这种'以重藏轻'的政策，使国家可以常保十个财政年度的收入。所以诸侯服从而不会发生征战，本国臣子也服从而尽其忠心。这就是以轻重之术驾御天下的办法。"（原文：桓公又问管子曰："终身有天下而勿失，为之有道乎？"管子对曰："请勿施于天下，独施之于吾国。"桓公曰："此若言何谓也？"管子对曰："国之广狭、壤之肥墝有数，终岁食余有数。彼守国者，守谷而已矣。曰：某县之壤广若干，某县之壤狭若干，则必积委币，于是县州里受公钱。泰秋，国谷去三之一，君下令谓郡县属大夫里邑皆籍粟入若干。谷重一也，以藏于上者，国谷三分则二分在上矣。泰春，国谷倍重，数也。泰夏，赋谷以市櫎，民皆受上谷以治田土。泰秋，田：'谷之存予者若干，今上敛谷以币。'民曰：'无币以谷。'则民之三有归于上矣。重之相因，时之化举，无不为国策。君用大夫之委，以流归于上。君用民，以时归于君。藏轻，出轻以重，数也。则彼安有自还之大夫独委之？彼诸侯之谷十，使吾国谷二十，则诸侯谷归吾国矣。诸侯谷二十，吾国谷十，则吾国谷归于诸侯矣。故善为天下者，谨守重流，而天下不吾泄矣。彼重之相归，如水之就下。吾国岁非凶也，以币藏之，故国谷倍重，故诸侯之谷至也。是藏一分以致诸侯之一分。利不夺于天下，大夫不得以富侈。以重藏轻，国常有十国之策也。故诸侯服而无正，臣从而以忠，此以轻重御天下之道也。")

请注意，对外贸易中"以重藏轻"是相对的，价格不能过高，还要和各国的物价保持齐准，否则外国商品可能会倾销到我国市场，这需要今天的我们特别注意。《管子·山权数第七十五》上说："物价的水平要与别国保持一致。因为商品价格偏高，别国就可能来倾销射利；商品价格偏低，物资会泄散外流。所以要注意比价一致。物资泄散外流，就等于本国失权；被人射利，就等于本国失策了。"（原文：物重与天下调。彼重则见射，轻则见泄，故与天下调。泄者，失权也；见射者，失策也。）

总之，轻重之术干预调控市场的办法主要是通过控制货币与商品（粮食）来进行，这种双向调节比单纯靠货币调控更有灵活性，也更实用。20世纪80年代以前，我国政府控制着多种商品的流通渠道，包括物资供应系统、国营商业系统和供销合作社系统等。这些系统调剂地区间各类产品的余缺，各类产品的供需平衡，对于稳定物价及中国工业体系的建立起了重要作用，我们千万不可一句"计划经济"就加以全面否定。笔者注意到，那些全面否定中国本土经验的经济学家常常也是全盘西化的吹鼓手，这需要大家高度警惕！

当今世界，已经有越来越多的经济学家看到，脱离实体经济，只重货币调控的做法常常将货币政策转化少数人的揽财工具。它不仅起不到稳定市场的作用，还会无限放大市场的动荡，这也是数十年来金融危机频发的深层次原因。

在此意义上，轻重之术双向调控的方法值得引起经济学界更为广泛的关注——它告诉我们一个重要的真理，对于经济学这样复杂的系统，阴阳之道同样重要。

第四章

中国古典经济学轻重之术三原则

在中国传统文化中,"书"不仅指一般的书籍,还专指中国政治经济元典《尚书》。《荀子·劝学篇》云:"《书》者,政事之纪也。"

除了2008年清华大学入藏的竹简《尚书》类文献,流传下来的《尚书》类文献主要包括《古人尚书》《今人尚书》和《逸周书》。宋明儒家奉为至宝的《古人尚书》被清人证明是伪书后,《今人尚书》的地位提高了。由于在流传过程中《今人尚书》也遭到过儒家"义理化"删改,所以"删《尚书》之余"、两千年来被人长期忽视的《逸周书》就显得特别宝贵。

在夏商周断代工程中,按照《逸周书·世俘》的记载,用天文学软件定出武王克商年代后,《逸周书》的可信度明显增加。今天,人们在重新编《尚书》的时候,已经将《逸周书·世俘》作为真《武成》编入。进而言之,刘向所述《逸周书》"盖孔子所论百篇之余"的说法大体是可信的。先秦时期的学者就已把《逸周书》中的许多篇章等同于《尚书》,可见《逸周书》同《尚书》一样重要。刘国忠教授评论道:"20世纪以来,大量考古资料被发现,其中有许多金文和简帛材料可以与《逸周书》的许多篇章对读,从而订正了《逸周书》中的许多错讹难懂之处,同时也使《逸周书》的许多篇章的史料价值重新为人们所知。因此,《逸周书》的不少篇章也属于《尚书》一类文献,与《尚书》一样,有着同样重要的史料价值。"[1]

---

1 刘国忠:《走近清华简》,高等教育出版社,2011年版,第67页。

第四章　中国古典经济学轻重之术三原则

《逸周书》同《尚书》一样,是中华文明的胚胎,从中我们能发现完整的中国古典政治经济理论基因。

约公元前1117年春,周文王临终前曾向太子发(周武王)讲述治国大道,内容包括了中国古典经济学轻重之术的基本原则。《逸周书·文传解第二十五》中阐述的中国古典经济学原则包括:自然原则、均平原则和储备原则。兹分述如下:

第一节　自然原则

一、人与天调,然后天地之美生

中华文明是人类最早进入农业时代的文明之一。考古资料证实,距今约一万年前,中国就进入了农业时代。

农业生产强烈依赖于天时,这客观上促进了天文历法的发展。天文历法与人文农事相辅相成,铸就是中国人由天文(天道)推演人事,顺天时以行政令的思维定式。用《管子·五行第四十一》上的话说就是:"人与天调,然后天地之美生。"

这种天人合一的思维定式反映到政治经济领域,就是月令体系。月令体系可以上溯到七八千年前的伏羲时代,到春秋战国时代已经成熟,《逸周书》《礼记》《吕氏春秋》中都有相对完备的月令。萧放先生指出:"月令是包括社会各阶层均需遵守的律令,当然它最主要的是服务于社会上层活动的需要,以及从治政者的角度对社会进行规范和指导。月令是时间进程的政令性叙述,这种叙述传统历代相沿,一直到明清时期仍有存留,当然它的地位、性质均发生了重大变化。"[1]

《管子》诸篇中,有大量强调"务时而寄政"(《管子·四时第四十》)的章节。《巨乘马第六十八》开篇就讲按照自然季节生产的重要意义。文中从国家经济计划的角度,论及违背农时的可怕后果时,甚至将之等同于"内战"。上面引管子言曰:"冬至后六十天地面解冻,到七十五天地下解冻。地下解冻才可以种谷,过冬至一百天就不能再种,所以春耕春种必须在二十五天内完成。现在君上修建扶台,国内五方的民众都来服役。一直过了春天您还不下令停止工程,百姓就失去了春耕二十五天的时机,全国五方之地就成为废弃之地了。征发一人的徭役,百亩地不得耕种;征发十人,千亩地不得耕种;征发百人,万亩地不得耕种;征发千人,十万亩地不得耕种。春季已失去了那个'二十五天',夏天又再来征发徭役,这就是春天误了种地,夏天误了耘苗,秋天再无休止地征发,这就等于粮食、土地不断地丧失。种谷既已延误了农时,君上的官吏又在不停地征税,农民吃用粮食通常只是收成的一半,现今则被君主拿去了九成。此外,官吏收税还要求交纳现钱。这些便是暴乱之所由起和刑罚增加的原

---

[1] 萧放:《〈月令〉记述与王官之时》,《宝鸡文理学院学报》(社会科学版),2001年12月号。

因。如随之以暴力镇压，就要发生'内战'了。"（原文：日至六十日而阳冻释，七十五日而阴冻释。阴冻释而秇稷，百日不秇稷，故春事二十五日之内耳也。今君立扶台，五衢之众皆作。君过春而不止，民失其二十五日，则五衢之内阻弃之地也。起一人之繇，百亩不举；起十人之繇，千亩不举；起百人之繇，万亩不举；起千人之繇，十万亩不举。春已失二十五日，而尚有起夏作，是春失其地，夏失其苗，秋起繇而无止，此之谓谷地数亡。谷失于时，君之衡藉而无止，民食什伍之谷，则君已藉九矣，有衡求币焉，此盗暴之所以起，刑罚之所以众也。随之以暴，谓之内战。）

对天文历法的重视，使华夏文明很早就脱离了宗教神话的影响。我们的先贤相信自然秩序、而不是超自然的上帝才是真理之源。所以华夏文化在处理经济问题时，总是将生态秩序放在第一位，而不是像西方文明一样用工业化持续、大规模生产的办法征服自然。尽管今天的西方文明也把环境问题看得十分重要，学蒙昧的印第安人大讲"地球母亲"，但从整体上讲，他们至今仍然用资本主义资本至上的原则，而不是自然原则组织经济生活。

我们的先人是何时脱离神话的影响过渡到自然主义世界观的呢？据甲骨文记录，这一转变最明显地发生在商朝末年，当时祖先不再是恐怖的、需要用各种宗教仪式安抚的对象，他们变成了值得尊敬的、会赐福子孙的灵魂。日本学者伊腾道治总结第三期后半期、第四期卜辞（大致相当于公元前12世纪中叶以后）内容特点时说："这一时期，祖先是在另一个与活人相同的世界里生活的；同时，与祖先时代相比，人们更明确地意识到祖先是赐福于子孙的,从而确立了祖先崇拜。"[1]

这一转变是重要的,它表明在神话中人性的因素正在加强,那种通过祭祀占卜将人类的命运委于神权的时代终将结束。《逸周书·文酌解第四》的作者在总结周文王的行事特点时,尽管仍然主张尊敬神灵,但已经将卜筮降到了无足轻重的地位,指出占筮不吉也要善其所为,龟卜虽吉也要想到凶危。

周穆王的史官在记述前朝诸国败亡的原因与教训时,单列出古国玄都氏的重视鬼神、不重人才、相信占卜、重用神巫治国而灭亡。这里迷信鬼神、卜筮已遭公开谴责。(《逸周书·史记解第六十一》原文:昔者玄都贤鬼道,废人事天,谋臣不用,龟策是从,神巫用国,哲士在外,玄都以亡。)

西周末年,当芮伯良夫向厉王进谏的时候,已经屡屡讲"道"。《逸周书·芮良夫解第六十三》上面说:"我小臣良夫叩头谨告天子,作为百姓的父母,只要尽到他的职责道义,远方人没有不服从的。如果不讲道义,身边的臣妾也会背离。百姓归向恩德。有德百姓会拥戴,无德百姓就仇恨。这句话真实地应验在此前不远。商纣王不改夏王桀的残暴,因此才会败亡而有我们周朝。"(原文:予小臣良夫,稽道谋告,天子惟民父母,致厥道,无远不服,无道,左右臣妾乃违。民归于德,

---

[1] 伊腾道治:《中国古代王朝的形成——以出土资料为主的殷周史研究》,中华书局,2002年版,第27页。

德则民戴，否则民雠。兹言允效与前不远。商纣不道，夏桀之虐肆无有家。）

在西周以后中国人的心目中，不仅政治生活要讲道，经济生活也要讲道，并发展出了完备的按时节安排生产的法规体系（即月令）和经济管理体系。政治经济的自然之道包括以下三方面：按照自然生产的周期进行生产，顺时取物；维护生态持续的生产能力，蓄足功用；节制消费和资本，用之有节。

二、育之以时，而用之有节

东汉班固的《汉书》将中国古典政治经济理论的自然原则阐述得很清楚，《汉书·货殖传第六十一》开篇就指出：要辨别土地、河流、湖泊、丘陵、沃地、平原、洼地等不同地理条件，教导百姓种植和畜养技术。这样，人民用于生活和殡葬的用品，包括五谷、六畜、鱼、鳖、鸟兽、柴草、木材、器械等各种物资都生产出来了。生产按照一定的时令，消费也要有所节制。草木的叶子没有凋落时不能进入山林砍伐。在农历九月前，不能到田野捕兽。在农历七月前，不能到小路旁边捕射飞鸟。除了要顺应时令生产外，还不能在山里砍小树，在湖边割嫩草，不能捕捉幼小的虫、鱼、兽，不能采集鸟蛋。这是为了顺应时令气候，使各种生物得以繁殖兴旺。这样就可以充分发挥自然的功效，使各种财物储备富足。（原文：于是辨其土地、川泽、丘陵、衍沃、原隰之宜，教民种树畜养。五谷六畜及至鱼鳖、鸟兽、雚蒲、材干、器械之资，所以养生送终之具，靡不皆育。育之以时，而用之有节。草木未落，斧斤不入于山林；豺獭未祭，罝网不布于野泽；鹰隼未击，矰弋不施于溪隧。既顺时而取物，然犹山不茬蘖，泽不伐夭，蝝鱼麛卵，咸有常禁。所以顺时宣气，蕃阜庶物，蓄足功用，如此之备也。）

中国古典经济学元典《逸周书·文传解第二十五》将顺时取物总结为：山林不到季节不举斧子，以成就草木的生长；河流湖泊不到季节不下渔网，以成就鱼鳖的生长；不吃鸟卵不吃幼兽，以成就鸟兽的生长。打猎有季节，不杀小羊，不杀怀胎的牛，不杀小马。牛犊不拉车，马驹不驱赶奔跑。土地不失其所宜，万物不失其本性，天下不失其时令。（原文：山林非时不升斤斧，以成草木之长。川泽非时不入纲罟，以成鱼鳖之长。不麛不卵，以成鸟兽之长。畋猎唯时，不杀童羊，不夭胎牛，不服童马，不驰不骛，泽不行害，土不失其宜，万物不失其性，天下不失其时。）

由于现代人已经不知中国古典经济学顺时取物的原则，所有的生产都按工业化的线性逻辑，持续不间断地进行，结果是生物资源的严重浪费。以我国为例，尽管从1995年我们就实行了海区伏季休渔制度，但那两个月的休渔时间能保证恢复生态的自然生产能力吗？有报道说，由于长期捕捞过度，有的沿海居民不得不转产。

维护生态持续的生产能力，蓄足功用，与顺时取物是相互联系的。在科学技术还不发达的时代，《逸周书·文传解第二十五》还没有类似"年积材量"的概念用以框算生态的持续生产能力，但其中明确规定：不杀怀胎母兽，不砍未成材的树木，不错过农事季节。像这样下去十年，有十年积蓄的为王，有五年积蓄的称霸，没有一年积蓄的灭亡。

生十个杀一个的,财物会堆积十层;生十个杀十个的,财物会顿时空虚。堆积十层的为王,顿时空虚的灭亡。(原文:无杀夭胎,无伐不成材,无堕四时。如此者十年,有十年之积者王,有五年之积者霸,无一年之积者亡。生十杀一者,物十重,生一杀十者,物顿空。十重者王,顿空者亡。)

在中国古典经济学轻重之术中,维护生态系统持续的生产能力,蓄足功用一个重要措施就是资源的国有化。西周礼制的一个重要原则是:"名山大泽不以封",就是说矿产资源是不分给诸侯的。《管子·地数第七十七》的作者认为,违反这一原则是天下大乱的根本原因。上面管子讲了这样一则故事:

有一次,黄帝问伯高说:"我想把天下结合为一家,用什么办法呢?"伯高回答说:"请除掉各地矿山上的杂草而将其归为国有,然后努力铲除各地的武装势力,天下就可以合为一家。"黄帝请他进一步阐释这个道理,伯高说:"山地表面上有丹砂的下有金矿,表面有慈石(即长石)的下有铜矿,表面有陵石的下有铅、锡、红铜,表面有赤土的下有铁矿,这都是山上出现矿苗的情况。如发现山有矿苗,国君就应当严格封山并进行祭祀。离封山十里之处造一个祭坛,使乘车到此者下车而过,步行到此者快步而行。违令者死罪不赦。这样人们就不敢随便开采了。"然而黄帝行此禁令仅在第十个年头,葛卢山山洪过后,露出金属矿石,竟被蚩尤接管控制起来,蚩尤用山上出产的金属制造了剑、铠、矛、戟,这年他与九个诸侯国发生了兼并战争。雍狐山山洪过后,露出金属矿石,也被蚩尤接管控制起来,蚩尤制造了戟和戈，这年他与十二个诸侯国发生了兼并战争。因此，天下各国国君顿戟一怒，形成伏尸遍野的局面——矿权分散的结果才是大战之源。（原文；黄帝问于伯高曰："吾欲陶天下而以为一家，为之有道乎？"伯高对曰："请刈其莞而树之，吾谨逃其爱牙，则天下可陶而为一家。"黄帝曰："此若言可得闻乎？"伯高对曰："上有丹砂者下有黄金，上有慈石者下有铜金，上有陵石者下有铅、锡、赤铜，上有赭者下有铁，此山之见荣者也。苟山之见其荣者，君谨封而祭之。距封十里而为一坛，是则使乘者下行，行者趋。若犯令者，罪死不赦。然则与折取之远矣。"修教十年，而葛卢之山发而出水，金从之。蚩尤受而制之，以为剑、铠、矛、戟，是岁相兼者诸侯九。雍狐之山发而出水，金从之。蚩尤受而制之，以为雍狐之戟、芮戈，是岁相兼者诸侯十二。故天下之君顿戟一怒，伏尸满野。此见戈之本也。）

秦统一六国后，中国古典政治经济理论在整体上仍反对将自然资源让私人垄断，并认为这对节制资本是十分重要的。《盐铁论·复古第六》中桑弘羊指出："国家发出法令要把盐、铁官营，不仅仅是为了得到些利润收入，也是为了促进农业，限制私人工商业，分化朋党势力，禁止放纵奢侈，杜绝相互兼并的道路。古时候，不把名山大泽分封给诸侯，因为分封给诸侯他们就会独占这些自然资源。山海的资源，湖泽的物产，都是自然界的宝藏，都应该归朝廷管理"（原文：令意总一盐、铁，非独为利入也，将以建本抑末，离朋党，禁淫侈，绝并兼之路也。古者，名山大泽不以封，为下之专利也。山海之利，广泽之蓄，天地之藏也，皆宜属少府。）

现在，有些决策者相信"自由市场经济"的神话，违背中国有三千多年历史的经济管理经验，轻易地把矿藏让私人经营，产生了怎样负面的效果啊。山西省几年前已经将诸多煤矿再度收归国有，这是正确的。

《逸周书·文传解第二十五》在谈到节制消费和资本"用之有节"时，只是泛泛提到：不做骄纵奢侈之事，不做过分浪费的事，不贪恋于华美，柱子刮皮不加雕饰，屋顶用茅草覆盖，为百姓珍惜费用。（原文：不为骄侈，不为泰靡，不淫于美，括柱茅茨，为民爱费。）

中国古典政治经济理论经典《管子》轻重十六篇明确反对消费主义及资本的无限扩张，特别是在政权分立、资源紧张的情况下。《管子·事语第七十一》有管子与齐桓公的如下一段对话："桓公说，'泰奢告诉我，不修饰车帷车盖，不大量添置衣服，女工的事业就不能发展。祭祀之礼不用牲，比如诸侯不依礼用牛，大夫不依礼用羊，六畜就不能繁育。不能高建楼台亭榭，修华丽宫室，各种木材就没有销路。这种说法对不对？'管仲说：'这是错误的办法。'桓公说：'为什么说是错误的办法？'管仲回答说：'这是定地管理的方法。假如天子管辖方圆千里土地，列国诸侯方圆百里，滨海的子国七十里，男国五十里，彼此像身体上的胸臂一样互相为用，所以调节缓急余缺，即使粮财散在民间，也不至于成为统一国家君主的忧虑。但是，领土狭小、还要起来与大国争强的国家，必须使农夫努力耕耘，成果归于君主，使妇女勤于纺织，成果归于官府，这并不是想要伤害民心与民意，而是因为国无积蓄就不能用人，国无余财就不能鼓励臣下。过分奢侈的办法，不可用在领土狭小的国家。'"（原文：桓公曰："泰奢教我曰：'帷盖不修，衣服不众，则女事不泰。俎豆之礼不致牲，诸侯太牢，大夫少牢，不若此，则六畜不育。非高其台榭,美其宫室,则群材不散。'此言何如？"管子曰："非数也。"桓公曰："何谓非数？"管子对曰："此定壤之数也。彼天子之制，壤方千里，齐诸侯方百里，负海子七十里，男五十里，若胸臂之相使也。故准徐疾、赢不足，虽在下也，不为君忧。彼壤狭而欲举与大国争者，农夫寒耕暑耘，力归于上，女勤于缉绩徽织，功归于府者，非怨民心伤民意也，非有积蓄不可以用人，非有积财无以劝下。泰奢之数，不可用于危隘之国。"）

自凯恩斯以来，刺激消费和信贷扩张已经成为西方经济发展的主要动力，资本膨胀造成的恶果早已经凸显出来，甚至已经威胁到了人类生存的安全。电动汽车早就发明了，20世纪90年代，美国加利福尼亚通过了《零排放法案》，以降低汽车尾气对环境和公众健康的危害，该法案规定加州1998年售出的新车中，零排放的汽车要达到2%，2003年达到10%。在美国大石油公司的压力之下，与燃油车、混合型动力车和氢燃料电池车相比拥有环保节能、费用低廉等优越性的电动车却退出了市场，最后在亚利桑那的沙漠中被绞成了钢铁碎片。

在2006年美国前副总统戈尔亲自参与制作和演出的纪录片《难以忽视的真相》中，戈尔以严谨的态度，极其丰富的资料向世人证实了全球变暖的灾难性影响，并指出人类（特别是一直忽视这一问题的美国）完全有技术能力解决这一问题，但由于某些工业利益集团的影响，连科学报告也被那些与石油公司有密切关系的政府官员随意修改。戈尔最后不得不承认，政治意愿已经成为美国最宝贵的再生能源。

在人类资源已经越来越紧张的今天，西方文明依旧用消费主义支撑着他们的经济增长，自己的资源不够就用经济、战争手段去掠夺，人类何时能脱离西方海盗文明的野蛮呢？

中华文明，西周初年已经由山虞、森衡、川衡、泽虞、迹人、矿人等官员管理自然资源。比如"矿人的职责是掌管出产金玉锡石等的地方，为之设置藩界和禁令而加以守护。按时采取，选择开采地，绘成地图交给开采者，巡视是否有人违犯禁令。"令人遗憾的是，直到2007年我国稀土生产才由指导性改为指令性生产，其他矿产资源的乱挖乱采已经到了触目惊心的程度。（《周礼·地官司徒第二·矿人》原文：矿人掌金玉锡石之地，而为之厉禁以守之。若以时取之，则物其地图而授之，巡其禁令。）

由于汉白玉资源有限，中国一向有节制地开采汉白玉，主要用于国家标志性建筑，一般人不得随意开采使用。但全面引入西方自由市场经济后，汉白玉资源这些年很快就枯竭了。要建中华世纪坛，被称为汉白玉的中华世纪坛石碑不得不用糙白石顶替，结果碑体很快就风化裂缝——这是一种历史的讽刺！是一种民族的羞耻！

节制消费和节制资本是中国古典政治经济理论自然原则的重要组成部分。这里节制资本不是消灭资本，《逸周书》屡次强调，国家要保证商人有足够的资本。（《文政解第三十九》："商工受资"；《大聚解第四十》:"商不乏资"。)周初政治家吕尚直接将大农、大工、大商称为国之三宝(《六韬·文韬·六守》)。《史记·货殖列传》引《周书》也将商人称之为"三宝"之一,上面说:"农不出则乏其食,工不出则乏其事,商不出则三宝绝,虞不出则财匮少。"

中国古典经济理论节制资本的目的是让百姓均平,不像今天美国那样让一个利益集团通过对资本的控制绑架整个社会。

第二节 均平原则

一、何谓均平原则

在中国古典经济学轻重之术中,国家的作用是显著的。国家是代表人民的有机整体,不是人与人简单的相加,国家是有自己的意志和利益,并通过政治(政令)的形式体现出来。这使轻重之术比西方政治经济学更加注重社会整体平衡,注重财富的分配。

梁启超先生生活的时代正是西方资本主义垄断势力大发展的时期,所以他比今天许多经济学家能更深刻体会到自由市场经济导致的贫富鸿沟,在其《管子传·第十一章·管子之经济政策》中他专列一节谈《管子》的"调剂分配之政策",梁启超先生说:"泰西学者恒言曰:昔之经济政策,注重生产;今之经济政策,注重分配。吾以为此在泰西为然耳。若吾国则先哲之言经济者,自始已谨之于分配……管子之意,以为政治经济上种种弊害皆起于贫富之不齐。而此致弊之本不除，则虽日日奖励生产，广积货币，徒以供豪强兼并之凭藉，而民且滋病。此事也，吾国秦汉时尝深患之，泰西古代希腊罗马时尝深患之，而今世欧美各国所谓社会问题者，尤为万国共同膏肓不治之疾。而所以药之之法，在我国儒家言，其主复井田。孔子、孟子、荀子所倡，与夫汉唐以来之均田、口分田、限民名田等政策皆是也。在泰西社会主义学派，则主土地国有。其尤甚者，主一切财产皆归国有。其意亦与吾国之井田略相近。虽然'私有权'之为物，随世界文明之进化而起，相沿既久，而欲骤废之，其不能见诸实行，不待智者而决也。若管子均贫富之政策，则举有异于是。"[1]

以《管子》轻重诸篇为代表的中国古典经济学轻重之术认为，如果国家对市场经济放任不管，必然产生穷者越穷、富者越富的马太效应，进而影响社会系统的整体稳定。所以国家直接调节社会财富的分配是必须的，原则是损有余补不足，目的是实现百姓均平，社会和谐发展。

《管子·轻重甲第八十》的作者认为，国家若光强调生产，而不能损有余补不足，调节分配，结果只能是强者"并兼而无止"，弱者得不到应有的保护。上面引管子言曰：现今主持国家拥有土地治理人民的君主，要注重四时农事，保证粮食储备。国家财力充足，远方的人们就能自动迁来；荒地开发得好，本国的人民才能安心留住。粮食富裕，人们就知道礼节；衣食丰足，人们就懂得荣辱。现在君

---

[1] 梁启超：《饮冰室合集》（第五册），中华书局，1989年版，第52页。

主亲身示范犁田垦地，开发草地，是可以收获粮食的。人民的口粮，每人也有一定数量的土地保证。然而大街小巷为什么还有挨饿受冻的人呢？这是因为粮食被人囤积起来了。现在君上铸造钱币，人民用来交易，每人也会有几百几十的数目。然而为什么还有卖儿卖女的呢？这是因为钱财被人积聚起来了。所以，作为人君，不能分散囤积的粮食，调节物价的高低，分散兼并的财利，即使他加强农业，督促生产，无休止地开发荒地和铸造钱币，人民也还是要贫穷的。（原文：管子曰："今为国有地牧民者，务在四时，守在仓廪。国多财则远者来，地辟举则民留处。仓廪实则知礼节，衣食足则知荣辱。今君躬犁垦田，耕发草土，得其谷矣。民人之食，有人若干步亩之数，然而有饿馁于衢间者何也？谷有所藏也。今君铸钱立币，民通移，人有百十之数，然而民有卖子者何也？财有所并也。故为人君不能散积聚，调高下，分并财，君虽强本趣耕，发草立币而无止，民犹若不足也。"）

轻重之术告诉我们，单纯满足于发展经济，并靠发行货币的办法刺激经济不行，还要用政治手段调节能分配，这是实现社会经济健康发展的基础。上述思想正是西方传统市场经济理论所欠缺的——在货币主义盛行的美国尤其是这样！

百姓均平原则是通过一系列经济、政治手段实现的，目的是防止人与人互相剥削，"下相役""阴相隶""同列而相臣妾"。著名史学家蒙文通先生认为百姓均平原则是中国没有像西方社会一样陷入阶级斗争泥潭的首要原因，也是华夏文化先进性的标志之一。他在《汉代之经济政策》一文中写道:"凡欧洲史中封建贵族与工商资本、资本与劳动之争,为患稽天者,于中国史悉无之。一若中国民族独不解阶级斗争之事,而孰知此即晁错、董子之消患于无形耶?欧美今日所不能解决者,中国于两千年前已处之有其方。是安得以我自然科学之后于人,而谓我历史亦后于人耶?"[1]

二、均平原则的具体政策

在中国古典经济学中,均平原则具体政策包括物价调节、平均赋税、每个人平等地享受自然资源(农业时代最为重要的资源是土地)等。

《逸周书·文传解第二十五》认为,只有百姓均平,社会才会和谐发展。上面说:"百业得以均其利益,商贾得以流通货物,百工不失掉职业,农夫不失掉农时,这叫作和德。土地多百姓少,就如同土地不是他的土地。土地少百姓多,就如同百姓不是他的百姓。因此,土地多,就发布政令以达四方,四方之人流入;土地少,就让百姓安好家室到外地劳作,向四邻输出。《夏箴》里说:'国内不能容纳利益,百姓就到外地居住。'《开望》里说:'土地宽广无人防守的,可以袭击讨伐;土地狭小没有粮食的,可以围困待其枯竭。两种祸患的发生,都是土地与百姓多少不相称的灾难。'"(原文:百物以平其利,商贾以通其货。工不失其务,农不失其时,是谓和德。土多民少,非其土也。土少人多,非其人也。是故土多发政,以漕四方,

---

[1] 蒙文通:《儒学五论》,广西师范大学出版社,2007年版,第129~130页。

四方流之。土少安帑,而外其务方输。《夏箴》曰:中不容利,民乃外次。《开望》曰:土广无守,可袭伐;土狭无食,可围竭。二祸之来,不称之灾。)

在以农业为主导的古代中国社会,均地分力、公平折算、土地分户经营成为历朝历代长期追求的目标,因为这样能够达到人力资源与物力资源的最大化利用。《管子·乘马第五》上论证说:把土地公平折算实行分户经营,可以使人民自身抓紧农时。他们会关注季节的早晚、光阴的紧迫和饥寒的威胁。这样,他们就能够晚睡早起,父子兄弟全家关心劳动,不知疲倦并且不辞辛苦地经营。而不把土地分配下去,地利就不能充分利用,人力也不能充分发挥。(原文:均地分力,使民知时也。民乃知时日之蚤晏,日月之不足,饥寒之至于身也。是故,夜寝蚤起,父子兄弟不忘其功。为而不倦,民不惮劳苦。故不均之为恶也,地利不可竭,民力不可殚。)

从历史的角度看,让每个家庭平等享受土地资源的政策中国政府应用得相当成功。事实上早期的农民起义并没有将均分田地作为自己的政策目标。东汉之后,曾经发生过大规模土地兼并,但这种现象并没有在明清两朝出现,两个王朝灭亡的主要原因是放任主义的经济政策使他们没有资源动员足够的民力抵御外部入侵。以前有的学者教条化地将一个朝代的灭亡归因于土地兼并,近年来对中国经济史的深入研究已经使这种意识形态主导的理论逐步失去了根基。

谈到均平赋税,夏朝史书《夏书》中说:"赋税均平,王室的库藏才会充盈。"(《国语·单穆公谏景王铸大钱》原文：《夏书》有之曰：关石和钧，王府则有。）为了平均分配土地并公平地承担赋税，西周时政府专设均人一职，其职责就是：使地税合理，使山林川泽之税合理，使各种从业税合理，使对于人民、牛马、车辇的力役征调合理。凡力役的征调，依照年成的好坏，丰年公事平均每人征用三天，中等年成公事平均每人征用两天，歉收年成平均每人征用一天。发生饥馑疫病就免除力役，免除赋税，不征收山林川泽税和各种从业税，因而这时也无须做使地税公平的工作。三年大校比时，就对各种赋役做一次大的合理调整。(《周礼·地官司徒第二·均人》原文：均人掌均地政，均地守，均地职，均人民、牛马、车辇之力政。凡均力政，以岁上下。丰年，则公旬用三日焉；中年，则公旬用二日焉；无年，则公旬用一日焉。凶札，则无力政，无财赋，不收地守地职，不均地政。三年大比，则大均。)

百姓均平还包括生产者和消费者的利益平衡，特别是农民与工商业者利益的平衡，不让工商业阶层垄断国家权利等。如果农产品价格过低，必然会损害农民的利益，也会使农民的工业品购买力受损，如果粮价过高，就会损害农业产品消费者的利益，因此中国古典政治经济理论主张国家调节粮食价格，使"农末俱利"，具体调节内容包括：出售粮食，每斗价格二十钱，农民会受损害；每斗价格九十钱，商人要受损失。商人受损失，钱财就不能流通到社会；农民受损害，田地就要荒芜。粮价每斗价格最高不超过八十钱，最低不少于三十钱，那么农民和商人都能得利。并指出如果粮食这样平价出售，并平抑调整其他物价，关卡税收和市场供应都不缺乏。(原文见《史记·货殖列传》，上面引春秋时越国大臣计然语:"夫籴,二十病农,九十病末。末病则财不出,农病则草不辟矣。上不过八十,下不减三十,则农末俱利,平籴齐物,关市不乏,治国之道也。")

三、伟大的常平仓制度

为维护生产者和消费者利益,中国人天才地发明了常平仓制度用以稳定价格。

在《周礼》中,我们能明显看出西周初年政府维持粮食价格稳定的努力。在具体操作上,《周礼·地官司徒第二》中的操作与李悝的"平籴法"十分相似,也遵循"有余补不足"的哲学原则。《周礼·地官司徒第二·仓人》条:"仓人掌管所收入谷物的储藏,分辨九谷的名称种类,以备王国所用。如果谷物不足,就减省委积的支用;谷物有余,就把它储藏起来,以备灾荒年而颁用。凡国家有大事,供道路委积所需的谷物和饮食。"(原文:仓人掌粟入之藏,辨九谷之物,以待邦用。若谷不足,则止余法用。有馀,则藏之,以待凶而颁之。凡国之大事,共道路之谷积,食饮之具。)

常平仓发展成熟于东周至秦汉时期,最早可以追溯到春秋战国时范蠡的"平粜法"与李悝的"平籴法"。李悝平籴法是按年成丰歉和灾情大小的不同情况,把丰收年景分为上熟、中熟、下熟三等。上熟年份每百亩收购余粮三百石、中熟年份每百亩收购余粮二百石、下熟年份每百亩收购余粮一百石;把灾荒年成分为大饥、中饥、小饥。大饥则把上熟收购的余粮数目抛出,中饥则把中熟收购的余粮数目抛出,小饥则把小熟收购的余粮数目抛出。这样就能保证即使灾荒也会保持粮食市场的稳定。

汉武帝时，当时主管经济的桑弘羊创立了平准法，依仗政府掌握的大量钱帛物资，在京师贱收贵卖以平抑物价。西汉宣帝年间，担任大司农中丞的耿寿昌正式建立起了常平仓制度。据《汉书·食货志》记载："寿昌遂令边郡皆筑仓，以谷贱时增其贾而籴，以利农，谷贵时减贾而粜，名曰常平仓。"这里耿寿昌运用商品价值规律，在市场粮价低的时候，适当提高粮价进行大量收购，不仅使朝廷储藏粮食的大谷仓（太仓和甘泉仓）都充满了粮食，而且边郡地方也仓廪充盈。在市场粮价高的时候，适当降低价格进行出售。这一措施有效平抑了粮食市场，既避免了"谷贱伤农"，又防止了"谷贵伤民"。

历史上常平仓制度置废不常。但至中华全境沦陷于满清时，其规制已经相当完整。清朝常平仓款项主要来自地方财政收入、截留漕粮以充实常平仓的资金和富民捐谷。常平仓的作用除了平抑物价，还包括出借给农民作为籽种口粮，以解决青黄不接时农村发生的困难，同时达到仓谷出陈易新之目的。在大灾之时，也用常平仓谷赈济灾民。为了保证国家粮食储备的质量，每年出陈易新的部分约为总储量的30%。常平仓储量随着清朝国力的上升曾不断扩充，清朝由盛而衰，存谷也逐渐空虚以至枯竭。至清末，对于全国极大多数地区来说，农业时代经济的稳定器常平仓已经名存实亡。

美国从 20 世纪 30 年代起就将宋代王安石新政中的常平仓政策引入

了罗斯福新政,即1933年通过的《农业调整法案》它是以1909—1914年农业繁荣时期农产品对工业品相对价格为"平价"。《农业调整法案》的主要推动者、时任美国农业部长的华莱士曾积极推动常平仓政策的国际化,以便让所有国家的农民都有相等的权利获得基本的农产品和工业品。1942年1月,这位王安石的崇拜者在《大西洋月刊》上鼓吹自己的"世界常平仓"思想,他写道:"作为和平努力的一部分,我希望所谓的'常平仓原则'会在世界范围内一系列商品中实现,请注意,罗斯福总统和丘吉尔首相达成的《大西洋宪章》八条中第四款提到,所有国家,不分大小,战胜者或战败者,都有机会在同等条件下获得世界的原料,我们接下来数月的主要目标是使这个崇高的理想变得更为具体。"

第二次世界大战结束后,1946年8月,联合国粮农组织宣布将建立一个世界粮食委员会,要将"20世纪30年代美国农业部长华莱士的'常平仓'计划国际化",这个委员会将为欠收建立粮食储备,稳定世界农产品价格,其基本目标是使"当其他国家有大量卖不掉的粮食剩余时穷国免除饥饿之灾"。然而,在美国等国家的激烈反对下,这个符合中国古典政治经济理论的伟大计划被搁置了下来!

今天,世界农产品贸易仍按照西方自由市场经济学的原则进行。星巴克大概可以从1千克咖啡豆中收入232美元,而一个生产咖啡的埃塞俄比亚农民卖1千克咖啡豆只能收入0.3美元。埃塞俄比亚的农民至今还无法解决温饱和孩子的教育问题,许多地方没钱建学校。

另据联合国最新公布的统计数字显示,在西方国家富贵病频发之时,2010年全球70亿人口中,约9亿2500万人处于营养不良状况。每年约有1000万名5岁以下的儿童死亡,其中1/3是营养不良所造成。[1]

当读者看到这些触目惊心的统计数字的时候,会懂得什么是可怕的经济发展鸿沟和赤裸裸的经济掠夺!什么是现代西方经济学华丽外衣下的野蛮——什么时候中国古典经济学轻重之术才能成为指导人类可持续发展的指导方针呢?

第三节 储备原则

一、历史上的商品储备观念

马克思在《资本论》中曾经说过,产品的储备是一切社会所共有的。古埃及就有了国家粮库,主管官员的地位相当高。从《旧约·创世纪》中我们能看到,约瑟建议法老在7年丰收之年储备了大量粮食,然后在接下来的7年大荒中将其卖出,从而发了横财。说到底,约瑟的政

---

[1]《联合国粮农组织:全球9亿多人营养不良》,载中华食品信息网,网址:http://www.foods-info.com/ArticleShow.asp?ArticleID=57631,访问日期:2012年8月10日。

策只是以王权的名义囤积居奇。

罗马人也有大量的粮食储备，目的和早期中国人一样单纯为了储丰防缺。据历史资料，在公元前4世纪的时候，罗马至少有291家公共粮库，储备的粮食足以支撑首都居民7年之需。

西方没有入侵前的印加和印度都有大量的储备。印加人的储备还相当丰富，除了粮食，还有羊毛、棉花和各种金属。

近代，法王路易十四设立了皇家粮食管理局，负责军用粮食的公开采购。美国弗吉尼亚州1632年立法明确要求每一位超过18岁的农民都应当为公共粮仓贡献粮食。

由于西方世界的储备最多停留在储丰防缺的"积谷防饥"阶段，所以西方学者们对储备的见解亦有天壤之别。莱勒认为储备将随着资本主义生产的发展而减少；马克思则持相反的见解，认为储备的三种形式（生产资本的形式，个人消费基金的形式，商品储备或商品资本的形式）就绝对量来说可以同时增加，但是一种形式的储备会在另一种形式的储备增加时相对地减少；西斯蒙第认为储备是资本主义生产的一个缺陷；亚当·斯密则认为储备是资本主义生产所特有的现象，农业经济社会历来都是吃上顿不管下顿——显然他不是对评论对象无知，就是在信口开河！

人类文明史上，只有中国人将储备作为政治经济、金融思想的核心，主要包括两个方面，一是基本商品的储备，二是与商品直接联系的货币的发行。至晚在春秋时代，基本商品的储备和与商品直接联系的货币发行理论已经相当成熟。

就如同中国人在三千年前就接受了负数概念而西方人到 19 世纪还称负数十分荒谬一样，笔者认为西方政治经济学长期关注从生产到消费的过程而没有关注储备的原因是他们的思维方式与中国人不同。在系统论诞生以前，西方人缺乏从整体角度思考事物的能力，西方政治经济学总是力图从生产或消费方面阐述问题，很少意识到从生产与消费平衡的整体角度阐发问题——直到 20 世纪 30 年代，常平仓制度引入西方后，商品储备及与商品直接联系的货币才正式进入西方经济学家的视野。

《逸周书·文传解第二十五》重视储备，但主要还是从积谷防饥的意义上阐述的。上面说，天有四种灾祸：水灾、旱灾、饥年、荒年。灾祸的到来没有固定时间。如果不从事积蓄，用什么来防备它？《夏箴》里说："平民百姓没有足够吃两年的粮，遇上饥荒，妻子儿女就不属他所有了；大夫没有足够吃两年的粮，遇上饥荒，奴隶侍妾以及车马就不属他所有了；国家没有足够吃两年的粮，遇上饥荒，百姓就不属它所有了。"警惕啊，不思考不实行，灾祸就不远了。（原文：天有四殃，水旱饥荒，其至无时，非务积聚，何以备之？《夏箴》曰：小人无兼年之食，遇天饥，妻子非其有也；大夫无兼年之食，遇天饥，臣妾舆马非其有也；国无兼年之食，遇天饥，百姓非其有也。"戒之哉！弗思弗行，至无日矣。）

《管子·山权数第七十五》的作者认为唯有丰足的储备才能掌握天时的变化。通过大量的商品储备，政府可以防止自然灾害和私商投机影响正常的社会生活。上面引管子言："商汤在位时有七年旱灾，夏禹在位时有五年水灾。人民没有饭吃以至有出卖儿女的。商汤只好用庄山的金属铸币，来赎救人民无食而出卖儿女的；夏禹只好用历山的金属铸币，来赎救人民无食而出卖儿女的。所以，君主对于天时水旱不能掌握防备，人力和土地财物也都无从掌握了。因此，成王业的君主总是每年储蓄粮食十分之三，三年多就能有相当于够吃一年的储备。三十七年就能有相当于十一年多一点的储备。每年储蓄三分之一不至于伤害民生，还可以促使农民重视农业并勤奋努力。即使天灾毁坏土地生产，发生凶旱水涝百姓也不会有死于沟壑或沿街乞讨的了。这就是掌握天时以对待天的权变的办法。"（原文：管子对曰："汤七年旱，禹五年水，民之无［米+亶］卖子者。汤以庄山之金铸币，而赎民之无［米+亶］卖子者；禹以历山之金铸币，而赎民之无［米+亶］卖子者。故天权失，人地之权皆失也。故王者岁守十分之参，三年与少半成岁，三十一年而藏十一年与少半。藏三之一不足以伤民，而农夫敬事力作。故天毁埊，凶旱水泆，民无入于沟壑乞请者也。此守时以待天权之道也。"）

《史记·货殖列传》记载了计然的储备原则，以及如何用储备调节市场。计然明确指出，国家绝对不能如投机商一样囤居以求高价要根据市场价格的波动及时平衡物价。计然的经济观念显然远远超越了"积谷防饥"这个层次。司马迁引用计然的话说："积储货物，应当务求完好牢靠，没有滞留的货币资金。买卖货物，凡属容易腐败和腐蚀的物品不要久藏，切忌冒险囤居以求高价。研究商品过剩或短缺情况，就会懂得物价涨跌的道理。物价贵到极点，就会返归于贱；物价贱到极点，就要返归于贵。当货物贵到极点时，要即时卖出，视同粪土；当货物贱到极点时，要即时购进，视同珠宝。货物钱币的流通周转要如同流水那样。"（原文：计然曰"积著之理，务完物，无息币。以物相贸易，腐败而食之货勿留，无敢居贵。论其有余不足，则知贵贱。贵上极则反贱，贱下极则反贵。贵出如粪土，贱取如珠玉。财币欲其行如流水。"修之十年，国富，厚赂战士，士赴矢石，如渴得饮，遂报强吴，观兵中国，称号"五霸"。）

司马迁还说，越王勾践按照计然的策略治国十年，越国就富有了，终于报仇雪耻，灭掉吴国，称霸中原。

二、与商品直接联系的货币发行

与商品直接联系的货币发行理论，公元前524年单穆公谏景王铸大钱时阐述得简单明了，其核心思想是：统计财货的多少，权衡钱币的价值（就是盯住市场价格）。如果钱贬值过多，就发行重币。反之，就发行轻币，使重钱和轻钱按照一定比价流通，所谓"量资币，权轻重"。《国语·单穆公谏景王铸大钱》中说：古时候，天灾降临，于是统计财货，权衡钱币的轻重，以便赈济百姓。若百姓嫌钱轻物重，就铸造大钱来行用，于是有大钱辅佐小钱流通，百姓都得益。若百姓嫌钱重物轻，就多铸小钱来行用，同时也不废止大钱，于是有小钱铺佐大钱流通。这样，无论是小钱、大钱，百姓都不会感到吃亏。（原文：古者，天灾降戾，于是乎量资币，权轻重，以赈救民，民患轻，则为作重币以行之，于是乎有母权子而行,民皆得焉。若不堪重,则多作轻而行之,亦不废重,于是乎有子权母而行,小大利之。)

在具体操作层面上,《管子》轻重十六篇论述的相当细致。作者指出,国家经济工作首先要统计出"资"和"币",才能根据轻重原则调节市场,增强国力。统计内容包括:一个乡有土地多少?用费的一般标准多少?粮食总值多少?还有一个县的人口多少?土地多少?货币多少才合于该县需要?谷价多高才合于货币流通之数?全年计算供应口粮后,余粮多少?一乡的女劳力全年进行纺织,其成品多少?应当把成品按时价算出总值,全年供全部人口穿用后,余布多少?还要有另外一组统计项目,调查土地的情况。(《管子·山国轨第七十四》原文:某乡田若干?人事之准若干?谷重若干?曰:某县之人若干?田若干?币若干而中用?谷重若干而中币?终岁度人食,其余若干?曰:某乡女胜事者终岁绩,其功业若干?以功业直时而櫎之,终岁,人已衣被之后,余衣若干?别群轨,相壤宜。)

统计好物资商品和所需货币数量后,就可以用信贷、市场和行政命令等办法调控市场了。在这个过程中,国家总要掌握商品储备。尽管《管子》一书中描述的全部情况并不一定符合历史事实,甚至有些夸张,但作为一般的调节市场原则仍具有重要的参考意义,它给了后世治国者太多的启迪。《管子·山国轨第七十四》的作者后面写道:

总体统计完成后,就计划发行一笔经过全面筹算的货币。对于预计其土地收成超过口粮消费的农户,就主动借钱给他们。大户多借,小户少借。山地和中等土地的农户，全年口粮不够消费的，也要借钱给他们，以保持其最低生活水平。次年，年景好，五谷丰登。官府就对据有上等土地的农户说："政府贷给你们共多少钱？乡中粮食的现价多少？请按照十成减三的比例折价还粮食。"这样粮价就会上涨，币值就会下跌。因为上等土地的余粮被官府掌握起来，中等土地又无法补足山地的缺粮，故粮价将上涨十倍。但山地农户因已有国家贷款，接济其不足，也不至于过分损失。只是上等土地的余粮及时被国家掌握，使粮价坐长了十倍。这时对妇女所生产的布帛，只要合于国家需用，都加以收购并立下合同。合同按当地市价写明："官府无钱，但有粮。用粮食折价来收购。"这样又用卖回粮食的办法清偿买布的合同，国家需用的布帛便可以解决。接着粮价又降回到原来水平了。再贷放经过统筹发行的货币，再进行囤集粮食，粮价又上涨十倍。这时通告豪富之家和高利贷者们说：'国君将巡行各地，尔等各应出钱若干备用。'还通告邻近各县说："有存粮的都不准擅自处理。如果巡行用粮不够，国君将为解决人马食用向民间借粮。"邻县地区粮价受到影响，又坐涨十倍。国君便下令说："从富家所借的钱，一律以粮食折价偿还。"这样，粮食的市价又会降下来了，币值又要上升了。全国的统计理财工作都可按此法行事，粮价坐长十倍。（《管子·山国轨第七十四》原文：然后调立环乘之币。田轨之有余于其人食者，谨置公币焉。大家众，小家寡。山田、间田，曰终岁其食不足于其人若干，则置公币焉，以满其准。重岁，丰年，五谷登，谓高田之萌曰："吾所寄币于子者若干，乡谷之櫎若干，请为子什减三。"谷为上，币为下。高田抚，间田山不被，谷十倍。山田以君寄币，赈其不赡，未淫失也。高田以时抚于主上，坐长加十也。女贡织帛，苟合于国奉者，皆置而券之。以乡櫎市准曰："上无币,有谷。以谷准币。"环谷而应策,国奉决。谷反准,赋轨币,谷廪重有加十。谓大家贳家曰:"上且循游,人出若干币。"谓邻县曰:"有实者皆勿左右。不赡,则且为人马假其食民。"邻县四面皆櫎,谷坐长而十倍。上下令曰:"贳家假币,皆以谷准币,直币而庚之。"谷为下,币为上,百都百县轨据,谷坐长十倍。)

无论是"以谷准币"还是"以币准谷"("以币准谷"还包括官员俸禄不再直接发给粮食,而是换算成货币,类似现代的工资,目的是让国家掌握更多的粮食储备,支撑粮食价格),《管子》都将资—币的轻重关系应用发挥到了极致,不仅抑制了富商巨贾,还靠可控的价格波动直接从市场获取了巨大的财政收入——比较起来,西方历史上缺乏这种通过国家参与市场取得财政收入,"为国理财"的现实经验。

三、当代中国的货币理论和实践

20 世纪,人类政治经济思想史上最伟大的贡献之一就是对货币本质的重新发现。即认识到商品与货币是具有复杂的阴阳(轻重)关系,用《管子·山至数第七十六》所谓"币重而万物轻,币轻而万物重"。

当代最早用商品支撑货币价值的当属 30 年代的苏联。在当时斯大林统治下的苏联,储备已经不再是马克思眼里产品流通中的必要一环或"用来应付不幸事故、自然灾害等的后备基金或保险基金"(《哥达纲领批判》),而是卢布稳定的基础。1933 年斯大林就指出:"苏联的通货价值之稳定,首先是由于国家手中握有巨大数量的商品来保证的,这些商品都以稳定的价格在市场上流通。"这是真实的,在 1936 年 1

月中央执行委员会的会议上,苏联的财政人民委员宣布:"苏联的卢布是稳固的,世界上没有一种货币价值能比得上它。"

今天许多研究者都是赫鲁晓夫的信徒,将斯大林时苏联的经济奇迹说得一无是处。但斯大林的货币思想不仅为苏联经济学家所鼓吹,美国著名金融家,有"华尔街教父"之称的本杰明·格雷厄姆在写他的专著《世界商品与货币》时也毫无偏见地引用。斯大林没有像格雷厄姆一样,有意识地去推行"商品储备货币",但他通过商品"准备金"的形式稳定卢布的做法是符合轻重之术的。

斯大林的这些思想对1935—1937年曾在莫斯科学习苏联处理经济问题方法的陈云有什么影响,我们不得而知。我们只知道1939年底至1940年初周恩来在苏联治病时,曾会见了苏联马克思主义经济学家、苏联科学院世界经济和世界政治研究所所长瓦尔加。据《师哲回忆录》中的记述,因为当时法币(国民党货币)不断贬值,导致陕甘宁边区边币跟着贬值,物价猛涨,周恩来问策瓦尔加,后者建议:首先应使边币脱离与法币挂钩的关系,使之独立起来。其次边币不应以黄金、白银支撑,而是以边区的实物(煤、石油、食盐等)为基础,以维护边币的购买力。最后要自力更生,发展生产。师哲还说:"对他这个意见,我们党是十分重视的。"[1]

---

[1] 师哲著/李海文整理:《在历史巨人身边——师哲回忆录》,中央文献出版社,1991年版,第143~144页。

多年以后，陈云将瓦尔加的上述思想大体上付诸实施了。1943年初，刚刚主持西北财经办事处日常工作的陈云提出建议，为了拯救不断贬值、信誉严重受损的边币，可以考虑由盐业公司发行一种流通券，其定价与法币1比1，与边币1比9，使之在边区内流通，逐步收回边币。达到一定程度时，再以边币收回盐业流通券。这样就可使边币与法币比价提高到1比1，驱逐法币，掌握金融主权。陈云的建议很快被采纳了，1944年5月23日，西北财经办事处第五次会议决定发行边区贸易公司商业流通券。共产党人与商品直接联系的货币的发行是成功的，1944年7月到1945年8月，边区的金融物价再也没有发生大的波动。

新中国成立初期，当时恶性的通货膨胀足以吞噬任何一种意识形态的新生政权。全国13个大城市的批发物价指数如以1948年12月为基数100，则1949年11月的指数已达5376。人民币的发行额增加速度若以1948年底为基数，到1949年11月猛增11倍，到1950年再增加至270倍。此时陈云一方面利用商品储备对付投机商（"米棉之战"），另一方面发行基本商品支撑的货币以稳定市场。主要手段包括：

1. 统一中央财政工作，主要是统一管理财政收支，统一管理物资，统一管理信贷收支和货币发行，做到财政收支平衡，市场商品供求平衡，信贷收支平衡。为保证国家掌握雄厚的基本商品储备，决定成立中央和省市各部门的仓库物资清理调配委员会，规定"所有库存物资，由政务院财政经济委员会统一调度，合理使用，以便减少1950年的财政支出及向国外订货。"

2. 紧缩银根，发行折实公债（一种商品本位货币，实际上以单位人民币准"一篮子基本商品"，这些商品大致包括粮食、布匹和煤炭）。

当时中央制定了1950年发行2亿分折实公债的计划,后来计划中的2亿分公债实际只发行了1亿分(1分公债折合实物为大米3千克、面粉0.75千克、白细布1.3米、煤炭8千克)。

3．开办保值的折实储蓄,大力吸收定期存款。当时折实单位后面的商品有很大不同,京津地区是以玉米粉0.5千克、面粉0.5千克、五福布1/3米的平均价格为一个标准折实单位;上海是以白粳米1升(1升＝500克)、生油50克、煤球0.5千克、龙头细布1/3米的平均价格为1个标准折实单位;其他城市也都有各自的标准折实单位。

4．通过国营贸易公司大力增加商品储备。到1949年底,中央已掌握了50亿斤商品粮和占全国70%的煤炭供应量,40%的棉纱和50%的布匹,60%的食盐,同时加强了对京、津、沪等大城市的物资调拨工作。

5．采取了打击和取缔投机势力、发放折实工资等手段稳定社会、市场秩序。

陈云是20世纪最伟大的经济学家之一(尽管到目前为止还很少有人承认这一点),他和斯大林不同,不主张将市场"送到阴间"去,一切都直接实行计划分配,他也不主张冻结物价。或许他比斯大林更多地汲取了中国几千年的市场管理经验——中国学者早就发现,陈云经济思想与管子的轻重之术多有相通之处。[1]

---

[1] 任继亮:《〈管子〉经济思想研究——轻重论史话》,中国社会科学出版社,2005年版,第178页。

中国古典经济学轻重之术将市场看作商品的价格标尺，明确反对冻结价格或计划价格的做法。计划价格实际上是让经济（市场）这一复杂巨系统的感受器——价格僵化了，由人和组织配置资源，无论这些组织或人多么有效率也无法取代市场系统本身。结果是经济体制由麻痹到僵化，由僵化到死亡。20世纪末，苏式计划经济在世界范围内破产。

《管子·轻重乙第八十一》有一段齐桓公与管仲君臣的对话。桓公问管仲说："平衡供求有定数吗？"管仲回答说："平衡供求没有定数。平衡供求，就是要使物价有高有低，不经常固定在一个数字上。"桓公说："那么，平衡供求的数字就不能调整划一了吗？"管仲回答说："不能调整划一，调整划一就静止了，静止则没有变化，没有变化则物价升降没有差别，没有差别各种商品都不能被我们掌握利用了。"（原文：桓公问于管子曰："衡有数乎？"管子对曰："衡无数也。衡者使物一高一下，不得常固。"桓公曰："然则衡数不可调耶？"管子对曰："不可调。调则澄，澄则常，常则高下不贰，高下不贰则万物不可得而使固。"）

新中国成立初期，中国政府的商品储备算是正常的，主要集中于基本商品，到1951年计划管理的物资才23种。之后越来越多。1953年实行计划管理的物资增加到227种，其中统配物资112种、部管物资115种。1957年甚至对非申请单位需用的物资也纳入了各级主管部门的申请、分配计划，计划管理的物资增加到532种，物资计划管理体制也逐步由计划渠道和商业渠道、调拨价和市场牌价并存变为单一的计划分配调拨和计划价格。

计划经济的浪费、僵化现象是明显的。更不幸的是,改革开放后,中国又走到了另一个极端。国家储备机构似乎回归了马克思《资本论》中的模式,变成了物流企业。1993年4月国家撤销了商业部、物资部,组建了国内贸易部,1998年3月国内贸易部又改组为国家国内贸易局,到2001年,最后拥有储备职能的国家国内贸易局也被正式撤销,目前只剩下功能越来越萎缩的国家发展和改革委员会下的国家物资储备局,它不太可能有效地用商品和货币双向调控市场。

据说,中国储备粮管理总公司竟是2006年粮食价格上涨的始作俑者,而且赚了许多钱——农民所得利益不足15%,超过85%的利益落入了以中国储备粮管理总公司为代表的流通环节囊中![1]

经济的目的是经世济民,所以搞经济要"以义制利",不仅要讲利,更要讲个义字。当国家粮食储备机构变成了埃及法老的粮仓时,我们深切地感到,对中国古典经济学轻重之术,学界再也不能视而不见了,它太重要了!不仅对于过去是这样,对于未来也是这样——因为政治经济学大道是永恒的……

---

[1] 详见2006年12月21日《南方周末》经济版。

附录一

翟玉忠先生的《国富策》让那些"大师们"心愧

文 / 江东子弟

2010年1月,笔者全面阐述中国古典政治经济理论轻重之术的专著《国富策:中国古典经济思想及其三十六计》出版后,在国内外引起了广泛的影响,大韩民国 The Soup Publishing Co. 当年就引入了该书韩文版的版权;本文是2010年4月22日网友江东子弟在知名网站豆瓣上发表的书评,网址:http://book.douban.com/review/3187965/,访问日期:2012年7月20。

管仲在春秋列国争霸的形势下,熟练运用轻重之术,通过经济战辅佐齐桓公"九合诸侯,一匡天下"。后人将这种智慧总结提炼,辑录于《管子·轻重》诸篇之中。秦始皇扫灭群雄,一统华夏,两千余年来大一统的中华帝国面对周边撮尔蛮夷,此类经济战的智慧再无用武之地，只能被束之高阁！

列国纷争今又是，食洋不化的中国经济学家，在美元和黄金挂钩的布雷顿森林体系崩溃之后，依旧奉行"比较优势理论"，天真的幻想着"国际大循环"。三十年后一回首，才发现依靠重污染、高耗能、超强劳动，卑躬屈膝换来的巨额美元外汇成了"千年不赖，万年不还"的白条，眼睁睁的看着人家兑水稀释，我们却无能为力，中国人民的血汗就这样灰飞烟灭。

一个民族要生存于这个世界，必须要有相应的资源保障，特别是我们14亿人口的大国，资源不足足以导致阶级矛盾、民族矛盾加剧，甚至出现政局动荡、国家分裂。我们的祖先早已认识到资源才是国之根本，中国古典外贸理论就认为"得物为胜，得币为亏"，主张"以末易其本，以虚易其实"——以货币金银等换取粮食、矿物一类的资源性产品。这和西方国家在美元与黄金挂钩的布雷顿森林体系崩溃后，滥发货币抢购世界各国的资源何其相似。然而西方经济学界，却在此后依旧谆谆教导我们的"精英"出口资源，赚取外汇。司马昭之心，斑斑可见！

西方有关国家发展的经济理论，很多都是为隐蔽的掠夺他国资源、财富而精心设计，量身定做的美丽陷阱，如果我们不考虑自身的国情，没有自己的主见，盲目照搬、抄袭这些理论，就极易落入西方设计好的圈套。而当此"大争之世"，一旦一脚踏空，甚至可能万劫不复，事关千年国运，万不能等闲视之。

翟玉忠先生此时出版《国富策》，让我们重温祖先的经济战的智慧，可谓补亡羊之牢，虽为时已晚，但若痛定思痛能悉心研究，庶几能看透"大师们"花言巧语背后的陷阱，而不二此过！误己尚无关大碍，若误国误民，罪固不容于死。提出"国际大循环""比较优势"理论的当代学者们，尚有何面目苟活于世，纵法不能绳，午夜梦回，汝辈独不愧于心乎？！

附录二

《国富策》回归中华传统经济智慧

文 / 蔡历

蔡历先生是北京共道战略研究所首席研究员,长期在企业中从事经济战略研究。本文从大历史的角度剖析了过去100年来的西学迷信,以及由此引发的对待中国本土学术的粗暴,甚至是野蛮的态度;轻重之术对于经世治民十分重要——今天我们需要的不是理论完美,辞藻亮丽的西方经济学,而是实实在在的经世治民之术!

1840年以来,在西方列强坚船利炮的猛烈攻击下,中国的文化自信终于在1919年轰然崩溃。五四时期的"新文化运动"一度被标榜为中国的启蒙运动,这是怎样的启蒙?很简单,就是西方化、现代化,其对应面是"去中国化""去传统化"。至此,一种崭新的思维定式,一种崭新的价值判断标准形成了:凡是中国的、传统的都是糟粕的,是亟须抛弃和摆脱的；凡是西方的、现代的都是精华，是亟须拥抱和吸收的。后来的中国社会一直笼罩在这个思维定式之下，这种价值观之下，直至100年后的今天。

在如今学校教育的课程设置中，我们真真贯彻了当年鲁迅"不读线装书"的告诫，除了中文语言之外，所有的课程都源自西方。这无非在向我们孩子们宣告，中国5000年的文明都是不值一提的垃圾，中国没有科学，包括所谓的自然科学和社会科学。中国的是错的，西方的是对的，我们必须无条件地，服服帖帖地向西方拜倒和学习。

在西方现代化和中国传统之间，我们最终选择了迷信地、宗教式地肯定前者，而否定后者。我们一直坚信西方式的现代化之路是一条康庄大道，而中国传统则是阻碍我们踏上这条大道的绊脚石。

然而，无论2008年几十年不遇的经济危机，还是日趋严重的全球变暖问题，都在说明西式的现代道理已经走进了死胡同。出路在哪里？所有的有识之士都将目光转向了东方。

重新审视被粗暴地对待了近一个世纪的中国传统的时候到了。所幸的是，五四时期所形成的那个思维定式，那个价值标准并没有将所有的中国人捕获殆尽。一直以来，都有倔强不屈的人士与之对抗。进入21世纪以来，随着西式现代化道路弊端日趋明显，这些人士的身影更加密集起来，大有汇聚成一股重新审视中国传统，甚至回归传统的洪流之势。

翟玉忠先生正是当代这群不屈之士中的一员，也是当今为数不多的令我敬佩的人物之一。说他令人敬佩，不在于外在的金钱、地位和名望，而在于其内在的倔强地追逐梦想的精神，及其对中国传统的执着的热爱。他的梦想是重新发掘中国传统的价值，借此帮助中国实现伟大复兴，甚至引领全球过上一种和谐、公正的生活。他坚信这一点一定可以实现。为此，他抛弃工作，含辛数载，潜心研究，办网站，著书立说。

《国富策》是翟玉忠先生发掘中国传统价值系列著作中的一部，该书试图向世人揭示中国传统文化中的经济学智慧和理论造诣，尤其以管仲的"轻重篇"为代表的中国古典经济思想。所谓的轻重就是权衡，平衡，是中国古典经济智慧的精华。有三重含义，第一重意思讲究经济意义在全部生活意义中的平衡，避免人们过分关注经济活动，从而陷入"GDP崇拜"之中；第二重意思讲究财富分配的均衡，所谓的"不患寡而患不均"，非常注重维护社会的公平和公正；第三重意思讲究经济系统和整个社会系统的相容，和整个自然系统的相容，用现代的话来说，是"绿色经济""低碳经济"。总之，中国传统的经济思维是一种循环的、和谐的以及可持续的经济运行思维，而这正是当前中国和全球所亟须的。

略微了解经济学的人都知道，"自由放任"是西方经济学的一个核心理念，但是当你被告知这个词汇是翻译自中国老子的"无为"一词时，你会作何感想。请不要惊诧，翟玉忠先生会在《国富策》里用翔实的事实告诉你，西方经济学的思想源头在中国。

  有位著名的历史学家说过，"一切历史都是当代史"，说的是为了当代的目的去研究历史。翟玉忠先生研究中国传统的经济学，是为了当代的目的去研究传统，是希望从传统中探寻医治现代社会疾病的良方。

  因此，翟玉忠先生开创性的研究成果值得我们鼓与呼！

附录三

节制权力·节制资本·节制欲望（答乐由）

文 / 翟玉忠

本文是 2013 年 2 月 13 日，翟玉忠先生写给长期旅居美国的华裔学者乐由先生的信。从中我们能够清楚地看到，节制不仅是一种人类普遍的美德，对于政治经济学来说同样具有核心意义，即在节制权力的同时节制资本，在节制资本的同时节制欲望。

乐由先生：

谢谢您 2 月 11 日的来信，您谈的两方面问题都十分重要，很有讨论的必要。

首先是资本在人类社会中的地位问题。您说："资本作为经济活动的管理和定量化工具是天然的，就像金银天然就是货币。资本运作的深化和普及毋庸置疑地促进了人类的文明进程，而且还在显示其威力。货币天生就有资本的功能，毛泽东时代的国有资金也会创造利润。资本的负面作用不是其本身的必然产物，而是资本操纵者膨胀的恶欲造成的，包括最近的次贷危机。可以说，资本就像一把锋利的菜刀，可以用来制作佳肴，也可以用来杀人害命，皆归因于人欲也。"

您的这个论断是很深刻的。借用一句流行话说："资本并不是坏东西"。问题是，当资本被过度应用后就会成为坏东西——比如房子不同于肥皂，不能被当作普通商品被过度资本化，国家有让人民安居的责任；养老也不能完全靠市场的力量解决，因为老年人的精神需求需要孝道，而非金钱来满足——资本力量的无限膨胀是现代人类的大问题，其根源可以上溯到文艺复兴时期。

在14、15世纪的时候，银行业极度不稳定，银行家没有社会地位——基督教鄙视商业，商业生态如此之差，大银行甚至因为国王赖账而倒闭。在这种情况下，意大利的银行家们竭力想摆脱这种局面，其途径概括起来就是两方面，一是解放人类的物欲，终极目标的是通过人性的物化建立资本的合法性和权威性；二是让金钱控制政治，让公权力成为资本顺从而忠诚的奴仆。我们看看文艺复兴的历史，就会明白这一点，银行家在努力控制知识和艺术的创造，在努力控制政治和外交的方向。

想想吧，如果没有银行业的美第奇家庭，西方文明会变成什么样子？

还会有大卫像和《最后的晚餐》吗？还会有伽利略的科学和薄伽丘的小说吗？

从西方到东方，文艺复兴锁定了过去五百年的人类史——资本垄断一切，人类物欲的守护神个人理性、个人自由、个人意志被推到了极致；人类经验、社会差序、集体荣誉被贬低，甚至鄙视。东方圣贤成了历史可恶的垃圾，西方圣贤则被个人主义肆意肢解。

古希腊艺术中内在平衡、宁静的美被文艺复兴时代艺术作品中的冲突和紧张所取代。《十日谈》那样的作品是在大瘟疫的恐怖氛围下物欲的自由展示。直到 21 世纪的今天，我仍然不太相信一位负责任的家长会让年幼的孩子读这本所谓的"世界名著"，因为其中有太多淫秽的内容。

物欲如同西方神话中的装在瓶子中的魔鬼，一旦瓶口被打开，它就会无限膨胀自己，产生吞噬一切的力量——首先是资本取代道德成为社会的主导力量，然后资本取代正义实现政治垄断，对外则表现为暴力和霸权。在西方，这一切早已经完成，以至于我们难以观察其痕迹。在中国，尽管古老的礼义文化成了垃圾，但"国学热"总有一种莫名的生命力；过去几十年来有人在努力铸造中国资本家的高、大、全形象，但除了房地产领域稍有"建树"外，中国资产阶级实现政治垄断似乎依然遥遥无期。

我想说的是，我们在对人类现状的基本理解上是没有严重分歧的。

新法家的主旨"结束资本在自由名义下的霸权统治",并不是说我们否定资本。当然,可能在文字的表达上还有待商量的地方。

乐由先生,您还说:"我毫不怀疑中华道法文明抑制资本运作的力量,否则资本运作首先会在中国发达,工业革命和现代文明就不会属于西方。"您抓住了中华礼义文明"礼、乐、刑、政,其极一也,所以同民心而出治道"(语出《礼记·乐记第十九》)的本质,这很了不起。

中华文化的一个重要特点就是,它不仅像西方社会一样,将权力关进笼子,还将资本关进笼子,亦将物欲(您说的"恶欲")关进笼子。这个关进不是束缚,不是在不可靠的性恶论假定的基础上一味强调限制,而是有度的节制,进而言之,"同民心"就是您讲的将恶欲也关进笼子,而不是单独将权力关进笼子。就是在节制权力的同时节制资本,在节制资本的同时节制欲望,通过定分止争,实现社会大治,人间太平。

西方政治和哲学上缺乏中道概念,它们从学术概念到政治理论,什么都讲二元对立,讲竞争斗争,美国民主、共和两党甚至常常为竞争而竞争,所以中国传统上代表整体利益的中性政府在西方人眼中是难以理解的。他们习惯于将之描绘成专制政体。说实在话,许多中国人也难以理解西方利益集团竞争性政体,比如我在读《雅典政制》时,看到古代雅典不准政治上保持中立,开始以为是印错了,后来才知道这是真实情况——政治上缺乏中道是危险的,当节制权力变成了压制权力时,政治决策的低效率,甚至社会瘫痪都会发生。也就是说,在限制权力的同时,必须给政府相当的权力以履行其维持社会公正的职责；同理，在限制资本的同时，要保证商人拥有足够的利润空间。

其次是约束私欲和物欲膨胀的问题。您说："无论是中国近代文明的滞后，还是资本带来的罪恶，其实都可归结于人们失控的罪恶欲望。纵观中华历史，律法举不胜数，而朝代的暴力更迭是一而再，再而三，不是因为缺少法律，而是由于人性的弱点。获得权力之后腐败的滋生不是靠制度和立法能完全控制的。满清的无能为力在而后国民政府的宪政下并没有得到解决，兴也罢亡也罢，都是人欲的轨迹。强大的道德性荣誉，传统习惯，舆论导向和媒体的独立性是确保宪政不为恶欲败坏的关键，也是一个民族产生凝聚力并推动世界文明的基础。权力单靠律法的笼子是关不住的，还要靠'大道'来不断约束恶欲的膨胀。因为这种膨胀可以是无限的，可以撑破笼子而发生爆炸。"

您说得太好了，内圣外王，内圣是基础。只有节制了物欲，才能节制资本，只有节制了资本，才能节制权力，这一因果顺序不能颠倒。诚如《大学》所言："自天子以至于庶人，壹是皆以修身为本。其本乱而末治者，否矣。其所厚者薄，而其所薄者厚，未之有也。此谓知本，此谓知之至也。"

关于内圣，涉及中国的性命之学，这种学术西方极为欠缺，于是西化的学者们用"宗教"一语概括。这样做很危险，因为内圣之学不是建立在信仰的基础上的，它同物理学相似，是建立在实践的基础之上，要"证得"才行，是实实在在的克念作圣功夫，要"修之于身，其德乃真"。

从本质上讲，美德、智慧、安乐是三位一体的，用《郭店楚墓竹简·五行》中的话说就是："（君子）无中心之智则无中心之悦，无中心之悦则不安，不安则不乐，不乐则无德。"

同时，道德与法治的哲学底层结构也是共通的，道—名—法三者层层累积而上，就是西汉刘向针对《尹文子》一书所讲的"自道以至名，自名以至法。以名为根，以法为柄。"（《文献通考·经籍考三十九》）这种高度集成统一的学术架构对西方学界来讲也是极为陌生的，他们已经习惯于碎片化的学术体系。而中国古典学术形式上则由大道（道）、圣贤（圣）、经典（经）支撑，其关系是："道沿圣以垂文，圣因文而明道。"（《文心雕龙·原道》）

新法家同仁在未来还将进一步阐述中华文化令人惊叹的学术大厦，它在古代就是集诸子百家之大成的黄老之学，新法家归本于此！

今年，我们将出版《礼义之道——中华礼义之学的重建》和《正名——中国人的逻辑》两本书，它们在生活方式和逻辑哲学两个侧面阐发了中华文化内圣外王的本质。

人类不能再沿着五百年前文艺复兴时代铺设的既定轨道走下去，人类需要重新调整自己前进的方向——它需要一种新的哲学思想，一种新的生活方式，一种新的政治经济学范式——我们越是看到这一点，就越感到中华文化的伟大可贵之处。

对于新法家未来的发展，还是那句老话，艰苦奋斗，脚踏实地，慢慢开拓。这里我唯一可以告诉大家的是：过去十年来，我们没松懈怠过。我们坚信，新法家从内圣到外王，从软件到硬件，从中国到世界，会一路走下去——建立在中华文化基础上的人类第二次文艺复兴终将到来！

再次感谢您的来信！再次感谢您对我们的支持！

保持联系！

翟玉忠

2013 年 2 月 13 日

乐由先生信件原文：

翟玉忠老师，您好！

赶在元宵节前给您拜个晚年。祝新法家网站继往开来，在新的一年里突飞猛进！

顺便想和您们交换一些想法，概括起来有两点。

每次打开新法家网站，首先映入眼帘的是其宗旨，就是用中华道法文明结束资本的霸权统治。我认为这一点有修改的余地。资本作为经济活动的管理和定量化工具是天然的，就像金银天然就是货币。资本运作的深化和普及毋庸置疑地促进了人类的文明进程，而且还在显示其威力。货币天生就有资本的功能，毛泽东时代的国有资金也会创造利润。资本的负面作用不是其本身的必然产物，而是资本操纵者膨胀的恶欲造成的，包括最近的次贷危机。可以说，资本就像一把锋利的菜刀，可以用来制作佳肴，也可以用来杀人害命，皆归因于人欲也。因此，中华道法不因针对资本的实用功能，而应该去平衡其可能产生的负面影响。我毫不怀疑中华道法抑制资本运作的力量，否则资本运作首先会在中国发达，工业革命和现代文明就不会属于西方。中华道法的根本缺陷在于以取得和巩固皇权为核心，没有以巩固普世价值为中心。相比之下，西方的教会势力却更好地维护了自然的普世价值。西方在避免资本运作的负面效应上下了很大功夫，但上有政策下有对策，人的欲壑难填。中华道法如何？我拭目以待——我已经看到你们做了相当重要的理论工作。

第二个想法是上述观点的延续。无论是中国近代文明的滞后，还是资本带来的罪恶，其实都可归结于人们失控的罪恶欲望。纵观中华历史，律法举不胜数，而朝代的暴力更迭是一而再，再而三，不是因为缺少法律，而是由于人性的弱点。获得权力之后腐败的滋生不是靠制度和立法能完全控制的。满清的无能为力在而后国民政府的宪政下并没有得到解决，兴也罢亡也罢，都是人欲的轨迹。强大的道德性荣誉，传统习惯，舆论导向和媒体的独立性是确保宪政不为恶欲败坏的关键，也是一个民族产生凝聚力并推动世界文明的基础。权力单靠律法的笼子是关不住的,还要靠"大道"来不断约束恶欲的膨胀。因为这种膨胀可以是无限的,可以撑破笼子而发生爆炸。

现代战争的胜负取决于后勤,民族的崛起在于内圣。法易立,道难循。建设 21 世纪中华民族的精神风貌是新法家的首要任务,寄希望于新法家先行者们的身体力行,把恶欲关入如来的五指之间。

向不断开拓的新法家敬礼!

乐由　谨呈
2013 年 2 月 11 日

附录四

中国古典学术的幽灵在学界徘徊（驳胡飞雪）

文 / 翟玉忠

  现代中国的教育体制决定着，我们所有人都是西学迷信以及西学迷信导致的现代蒙昧主义的受害者。因为只要上学，一个人就要从儿时起接受西方二元对立的线性思维方式、抽象的概念体系和欧氏几何学术范式的熏陶，我们没有选择！从笔者与胡飞雪先生的交锋中，相信读者能更深切地体会到这一点。胡飞雪先生的观点不是偶然的，笔者在各种场合听到了太多类似的言论，这值得我们深刻反思。

  2010年3月27日，《上海证券报》（第七版）发表了胡飞雪先生的书评《管子强国富民思想在今天的意义》（网址：http://www.cnstock.com/paper_new/html/2010-03/27/content_6462.htm，访问日期：2012年8月21日），文中对笔者出版的《国富策：中国古典经济思想及其三十六计》(中国友谊出版公司 2010 年 1 月出版)一书作了评论。其中不乏溢美之词,也有善意的批评。我想苦口之言比溢美之词更为重要,所以将其主要观点罗列出来,与胡先生探讨。

1. "好古薄洋"的背后

首先,胡先生认为拙著有好古薄今,好古薄洋的倾向,即"在本书作者看来,似乎《管子》中的所有经济思想都是好的,不但绝对的好,即使与当今中外的经济思想相比,也是好得不得了"。

不错,笔者明确反对"经济思想的全盘西化",[1] 但没有"薄今"与"薄洋"的意思。由于今日之中国没有本土经济学,都是西方舶来品,所以也可以简单地说笔者没有鄙薄当代西方经济学之意。只是认为中国古典经济思想与当代西方经济思想比较,不完全是落后的,在某些重要方面甚至是先进的,足以与当代西方经济学"相提并论"。

比如说:孙武的《孙子兵法》与克劳塞维茨的《战争论》能不能"相提并论"呢?我想大多数人都会回答:能够!我们不能因为《孙子兵法》作于春秋时代就说他落后,也不能因为克劳塞维茨的《战争论》作于 19 世纪就说它先进。世界上很多人推崇《孙子兵法》,甚至说它比《战争论》好,也不能说这些人好古薄今或好古薄洋——《孙子兵法》肯定有其先进性的一面,如果《孙子兵法》已经过时,为何 20 世纪国

---

[1] 翟玉忠:《国富策:中国古典经济思想及其三十六计》,中国友谊出版公司,2010 年版,第 47~49 页。

内外那么多军事家都要悉心研读、奉为圭臬？！

为了说明《管子》轻重诸篇的经济思想也有不好的一面，胡飞雪先生指出《管子·侈靡第三十五》（他误写作《管子·奢靡》）提倡奢侈消费是"混账话""庸俗不堪"，这一举例显得太幼稚。因为该政策与"今天那种唯 GDP 数字是问而不顾民生改善的做派"正好相反，其目的完全是为了改善民生。且书中笔者一再强调：

"《管子·侈靡第三十五》的作者提倡奢侈消费只是为了百姓均平，为穷人提供工作机会（'富者靡之，贫者为之'），不是作为基本的经济政策。"[1]

"对于《侈靡第三十五》，过去许多学者受西方单向线性思维的影响，认为相对于传统节俭思想，本篇主张奢侈消费，纯属异类。持这种观点，是因为这些学者没有理解《侈靡第三十五》的主旨，如果我们通读全篇就会发现，作者提倡高消费是为了为贫人创造就业机会，进而实现'民相利'，所以作者言富侈处必言贫为。"[2]

那么胡飞雪先生为何硬要说笔者"好古薄洋"，他书评的最后一段才是真正的理由。这个荒唐的理由笔者已经听说过无数次，由于它是

---

[1] 翟玉忠：《国富策：中国古典经济思想及其三十六计》，中国友谊出版公司，2010 年版，第 138 页。

[2] 翟玉忠：《国富策：中国古典经济思想及其三十六计》，中国友谊出版公司，2010 年版，第 156~157 页。

中国学术界最普遍的谎言之一，是中国学人文化自我贬黜的诡辩杰作，我们不防全文引述：

"整理国故、阐发中国古典经济思想，应该肯定，但若对国故夸饰溢美过度拔高，有失妥当，崇古贬今甚至贬洋则更不可取。《管子》，充其量仅是一些经济观点和议论，与今天的经济学，尤其是有一系列原理、假设、概念，有成熟研究范式和方法论，有数学化论证推理和表述模型西方经济学，哪里能相提并论呢？"[4]1

说到底，中国只有与经济现象相关的观点和议论、哪有堪与当代西方经济学比肩的知识系统！

请注意,这也是所谓 20 世纪"整理国故"的一般原则,谁违反了它，就是学术上的"政治不正确"。按照这一原则，中国只有一些政治"观点和议论"、中国只有一些军事"观点和议论"、中国只有一些哲学"观点和议论"、中国只有一些科学"观点和议论"（中医被许多人认为是非科学、甚至是伪科学的，尽管它是中国意象科学的代表）……

2. 西方学术范式并不是唯一的

进而言之，中国古典学术根本就不是系统的学术，当代西方学术才是唯一的学术范式。所以，整理国故要像清末以来的中国学者

---

1 胡飞雪：《管子强国富民思想在今天的意义》，《上海证券报》（第七版），20103月27日。

所作的那样，以西方学术体系任意框定中国古典学术，直到将之变为以中国本土学术为研究对象的西学，并给它取一个好听的名子"国学"。至于中国古典学术本身呢？由于被"整理"了，就一劳永逸地进入"国故"的大墓，永世不得翻身！谁要把这个幽灵从"国故"的坟墓中请出来，谁就是学术犯罪——胡先生所谓的"好古薄洋"还是客气地说法！

是的，当代西方经济学"有一系列原理、假设、概念，有成熟研究范式和方法论，有数学化论证推理和表述模型"，但这种欧几里得几何学奠定的学术范式最适合于简单系统，而且只是西方学术范式的标准；我们中国的学术范式是以《九章算术》为基础的，它以问题为中心，基本上由"问""答""术"三部分组成。

著名中国数学史家，李继闵教授这样写道："西方的欧几里得体系着重抽象概念与逻辑思维以及概念与概念之间的逻辑关系。与此相适应，《几何原本》有一个以定义、公理、定理、证明所构成的表达形式。而我国的传统数学则基本上是一种从实际问题出发，经分析提高而提炼出一般原理、原则与方法以最终达到解决一大类问题的体系。与这一独特的算法体系相适应，我们传统数学乃是由问、答、术、注、草等几个彼此相关联的项目构成其独特的表达形式。"[1]

---

[1] 李继闵：《〈九章算术〉导读与译注》，陕西科学技术出版社，1998年版，第20~21页。

一般来说，中国数学的经典著作都以问题集的形式出现，每一个别问题又分成若干个条目。首先是"问"，即提出有具体数值的问题。再次是"答"，就是给出这一问题的答案。最后是"术"，其是解答同种类型问题的普遍方法。

为了便于读者理解中国古典学术范式，我们将论述工程中体积计算的《九章算术·卷第五·商功》问题一列在这里：

"〔一〕今有穿地积一万尺。问为坚、壤各几何？

"答曰：为坚七千五百尺。为壤一万二千五百尺。

"术曰：穿地四，为壤五，为坚三，为墟四。以穿地求壤，五之；求坚，三之，皆四而一。以壤求穿，四之；求坚，三之，皆五而一。以坚求穿，四之；求壤，五之，皆三而一。

"城、垣、堤、沟、堑、渠，皆同术。

"术曰：并上下广而半之，以高若深乘之，又以袤乘之，即积尺。"

东西方文明中，数学似乎最能体现一个文明的思维形态和学术特点。《九章算术》的学术范式反映到政治经济思想领域，先秦诸子没有一家在概念公理的基础上建立起庞大的演绎知识体系，他们注重现实问题的解决，提出一般性的解决方法术之后，再多方说明之。晋张华《博物志·卷六·文籍考》云："圣人制作曰经，贤者著述曰传。"这里，传是对经的说明，广义上的传还包括章句、论、解、说等。

《韩非子·储说》诸篇能很好地体现中国古典学术的一般特点。其中各篇都是先扼要地提出论点，这叫作"经"，然后广泛征引历史、传说故事详加阐述，这叫"说"。感兴趣的读者可以参阅《韩非子·内储说上七术第三十》《韩非子·内储说下六微第三十一》《韩非子·外储说左上第三十二》《韩非子·外储说左下第三十三》《韩非子·外储说右上第三十四》《韩非子·外储说右下第三十五》。

3. 中国学人不能再迷信西方学术

中国学术范式是不是落后呢？不能与西方学术范式"相提并论"呢？不是的，它有自己的优点。

其一，中国学术范式是从实际问题出发，西方学术范式从概念公理出发。这使中国学术能更好地解决复杂系统的问题，如医学（中医）、政治经济学（轻重之术、黄老之学等）领域，中国学术不仅不是落后的或传统的，而且整体上是十分先进的。当然，今天还有太多学者将中医视为伪科学，将中国古典政治经济理论粗暴地视为"专制统治的工具"。

其二，中国学术范式重名实，西方学术范式重逻辑。由于西方学术从概念公理出发，而概念和公理是从复杂的现实中抽象出来的，经过逻辑推理，常常离现实越来越远，最终导致名与实的严重不符。这就是为什么中世纪经院哲学和今天过度数理化的经济学在西方能大行其道的原因，也是今天西方社会名实混乱的根本原因——西方人讲爱国主义，可中国从讲爱国主义，就是贬称为民族主义；西方人讲自由民主，但一出国界，这种自由民主就演化为服务于霸权政治的掠夺工具。

其三，中国学术整体上呈统一性，西方学术整体上呈碎片化。中国传统学术文史哲不分家，科学与人文亦是统一的。西方学术不是这样，各学科间概念、公理体系基本上是独立的，再经过逻辑推理，自相矛盾之处比比皆是。如果不采用工业上劳动分工的学科分工方式，西方现代学术体系的支离破碎情况将难以维系。前不久，一位人文领域的大学教师曾"骄傲"地对笔者说："我的专业书只印十几本就够了，业内专家认可了就是权威专著，其他我不管；我承认我的学术概念全部是从西方社会实践中总结出来的，与中国现实根本无关，但我照样在中国大学教书，拿中国的研究经费。我无须考虑其他，也不会有人提出质疑……"

再次强调，笔者指出中国学术范式的优点，不是说西方学术范式没有优点，人类社会的许多伟大成就都是不同文明成果互相融汇吸收的结果。事实上现代西方科学革命是在融合了东方（包括伊斯兰世界和中国）重视实践的传统后实现的，法国历史学者罗伯特·伯瑞弗尔特写道："关于谁是实验方法发明者的讨论……乃是欧洲中心论对于欧洲文明起源诸多误解的一部分，在（罗杰）培根时代，阿拉伯人的实验方法在整个欧洲得到了普遍的推广和应用。"[1]

正是由于引入了东方的实验方法，加上西方原有的"原理""假设""概念"和"数学化论证推理"，西方科学革命才取得了成功。这种科学方法体现了西方学术的根本优点，是值得我们汲取的思想资源。

对于中国学界来说，最重要的是不能迷信西方。西方科学知识值得我们学习，但人文领域面对的是复杂社会系统，欧几里得几何学范式和实验方法应用到这些领域，很难说能够成功！

清末，面对西方列强的强大军事压力，为了救亡图存，中国学人没有来得及从文明体系内部找出中国衰败的根本原因（关键是中国学术的全面儒化），而是将目光投向了西方，在海外留学生的带动下近乎盲目地引入西学。这正好迎合了义和团运动后西方列强在精神上征服国人的长期战略目标。内外两种力量交互作用，使本土文化贬黜和全盘西化成为20世纪中国学术不可搞抗拒的潮流，一直到今天仍然是这样。

什么时候中国古典学术才能与西方学术"相提并论"呢？我想这首先取决于中国学术范式在中国本土取得合法地位，要中国学人理解中国古典学术也是学术，两者只是学术范式不同，各有短长。

---

[1] 约翰·霍布森 / 孙建党译：《西方文明的东方起源》，山东画报出版社，2009年版，第162页。

或许在相当长的时期内，中国的大学仍只接受以中国本土学术为研究对象的西学，但中国古典学术的古老幽灵已经在学界徘徊——且这次没有人能够再次将之送入"国故"的古墓！因为包括中国本土政治经济学轻重之术在内的中国古典学术是我们的灵魂，一个民族是不能没有灵魂的！我们相信，中国古典学术必将大行于天下，造福全人类！

胡飞雪书评原文：
管子强国富民思想在今天的意义

如果说亚当·斯密是西方经济学的集大成和开创者，那么管仲便可以说是中国古典经济思想的集大成和开创者。中国也有极其丰富、极有价值的原创经济思想，而且这些经济思想在今天仍然具有极其有用的现实指导意义，值得我们批判地继承。翟玉忠先生的《国富策：中国古典经济思想及其三十六计》，为阐发中国古典经济思想下了一番功夫，很有意义。

细读这本《国富策》，笔者有如下几点想法：

中国古典经济思想内容丰富庞杂，既有真知灼见，也有奇谈怪论，既有精华，也有糟粕、庸俗甚至反动的内容。先秦时期是百家争鸣，汉武大帝独尊儒术后，儒学成为一元化的主旋律，曾经大放异彩的"管商"学术，几乎成为贬义词，有时也被抹黑妖魔化，其突出表现是有些人包括儒官儒生把义和利对立起来，夸大义和利的矛盾，制造义和利的对立。事实上，在义利之辩的泡沫表象之下，中国古典经济思想中有价值有意义的内容，讲求的是"以义制利"，即以义来制约私利的无限膨胀。如本书《管子·山至数第七十六》将利和义并重：财终则有始，与四时废起。圣人理之以徐疾，守之以决塞，行之以仁义。就是说社会资产财富是周而复始地生产消费，随四时运动而发展消亡。圣人总是统一用号令的缓急来掌握它，统一用政策的开闭收放来控制它，用轻重理财之术来取予它，用仁义之道来支配使用它。在古人心目中，虽然这个义没有一成不变的定义，但大体框架还是有的，无外乎抽象的天理、世俗的伦理、政府法律三个层面。比如孔子也同意杀生吃鱼，但他的不同凡俗之处，在于他倡导钓鱼，而反对网捕，他倡导用弓箭射猎空中飞鸟，而反对偷猎巢中睡鸟。这无非是在承认人们谋生取利的同时，提倡以仁义节制欲望的无限膨胀，以达成人与自然和谐以及人道与天道的统一。孔子言利时，心中总有个义字。

中国古典经济思想既讲遵循世界客观规律和人情伦理，也讲"关键的少数"的有为进取主观能动性，即要使民众"自循""自试（使）""自至（治）"，统治阶层应该遵循无为的自然大道。如果他们要建功立业大有为，便意味着官府权力膨胀，国强难免异化为御民——这与马克思历史唯物主义也颇相合。本书《管子·经言·形势解策六十四》引道："明主之治天下也，静其民而不扰，佚其民而不劳。不扰则民自循；不劳则民自试。故曰：上无事而民自至。"经济史，就是人们求生存、谋发展的过程，这个过程，"如水之走下，于四方无择也",人们只能努力生产,别无其他选择,是自然之理。所以民众无须号召、无须动员、无须组织、无须命令、无须劝诱、无须强迫,只要尊重民众求生存谋发展的人性,就行了。民众知道何种情况下互助合作,何种情况下自主单干。中国古典经济思想中的上述"三自",属于普世真理,不妙的是,芸芸众生总是碰上很多好以天下为己任的政治精英,当然,普罗大众中的大多数也总是不能自己代表自己,他们需要被代表被领导,所以普世真理总是要面对现实政治环境的左右、支配、控制、影响和塑造,在这种具体情境中,以管子为代表的中国经济强国富民之策,往往沦为君主帝王们的强官御民术。

不足为训的是,本书在拔高推崇中国古典经济思想的同时,有好古薄今、好古薄洋的倾向。在本书作者看来,似乎《管子》中的所有经济思想都是好的,不但绝对的好,即使与当今中外的经济思想相比,也是好得不得了。这是笔者不能赞同的。当今有些经济学家确实发表了一些混账话,西方经济学也确实有其庸俗不堪的一面,难道《管子》中就没有同类的内容?有,而且不少。比如西方有经济学家曾建言政府先雇用一批人挖坑,然后再雇用另一伙人把坑填平,以此扩大就业。《管子·侈靡》中就有同样的"政策建议":"故尝至味而,罢至乐而。雕卵然后瀹之,雕橑然后爨之。"就是说,要提倡吃最好的饮食,听最好的音乐,把鸡蛋雕画了然后煮熟吃掉,把木柴雕刻了然后烧火。这似乎很标新立异,别出心裁,但究其实,不过是枉费劳力、浪费时间,是无助于扩大生产、增加社会财富、增进个人效用的。从这种只管形式上的就业,不求实质上做大财富蛋糕的做法上,不是很可以照见今天那种唯GDP数字是问而不顾民生改善的做派的影子吗?

整理国故、阐发中国古典经济思想，应该肯定，但若对国故夸饰溢美过度拔高，有失妥当，崇古贬今甚至贬洋则更不可取。《管子》，充其量仅是一些经济观点和议论，与今天的经济学，尤其是有一系列原理、假设、概念，有成熟研究范式和方法论，有数学化论证推理和表述模型的西方经济学，哪里能相提并论呢？

附录五

中国古典学术体系不是落后而是先进

文 / 翟玉忠

19世纪末以来，特别是五四运动以来，随着科举制的消亡和西方教育体制的确立，中国古典学术失去了其生存的制度土壤，然后粗暴地被贴上"封建落后""故纸堆"和"旧文化"之类的标签，长期乏人问津——迄于今日，中国文化不绝如缕——国故荒芜，令人痛心。

今天能广泛见诸世间者，不过京剧（脸谱）、毛笔字、中国画、太极武术等，在世人看来，这不过是与黑非洲原始部族艺术不同的一种艺术形态而已，最多是一种高度精细的传统艺术。

事实上，艺术只是中国文化一个小小的方面，整个中国古典学术体系是比现代西方学术体系更为复杂的一种学术体系。它涵盖从哲学到政治经济学到科学的各个领域，它不是太简单，而是太复杂，因此才不为世人所知——从整体上说，中国古典学术相对于西方现代学术，具有精深、动态、统一的特点。

说它精深,是因为中国古典学术在思维方式上重意象而轻抽象。

说它动态,是因为中国古典学术在现实层面上重事变而轻言理。

说它统一,是因为中国古典学术在学术体系上重统一而轻支离。

一、重意象而轻抽象

不同领域的学者在研究中国文化时发现,中国人习惯于从整体上、动态地理解和描述现实世界,尚象、深于取象是这种意象思维的显著特点。而西方的重抽象思维与此不同,它是将现实研究对象的某一属性或某一方面抽取出来,舍弃其他,并以概念和公理的形式表现和推演。

谈到抽象思维与意象思维的区别,中国社会科学院哲学研究所的刘长林教授精辟地指出:"抽象方法是要根据认识的需要,在思维中对复杂多变的现象进行割断和抽取,而舍弃其他。意象方法则保持对象事物的原本整体性,在事物自然地显现出来的完整的现象中,寻找事物的本质和规律。这样的本质和规律直接与'象'即现实中的过程状态相应,具有'象'的特征,属于事物自然整体层面,也就是现象层面。这里要特别指出,所谓自然整体层面,包括认识主体与认识客体之间自然地形成的各种各样的联通和关系。"[1]

---

1 刘长林:《中国象科学观:易、道与兵、医(修订版)》上,社会科学文献出版社,2008 年版,第 56 页。

因此，刘长林先生将意象思维概括为："在彻底开放而不破坏事物所呈现象之自然整体性的前提下，对事物进行概括，探索事物整体规律的思维，即为意象思维"[1]

当然，意象思维和抽象思维也不是截然对立的。中国人的思维传统中也包括抽象思维，比如汉字尚象，重象形，但其笔画却是高度抽象的，不是对现象的直接描绘。西方人重抽象思维也不是没有意象思维，特别是20世纪系统科学的兴起，使西方科学开始关注事物动态的整体，且他们有意识地认识到东方有这种思想资源。

从历史的角度看，西方重抽象思维与现代科学技术的伟大成就是分不开的。正是对事物本质的探寻以及实验方法刺激了现代科学的兴起。不过我们不能因此之故忽视这种思维方式存在的内在缺点，刘长林先生将其归纳为以下六点，

1. 抽象思维的基本思路是将复杂的事物归结为简单的事物，整体归结为部分，性态归结为实体，以分解、隔离、提取为认识的基本手段和构建知识系统的基础，因此，沿着这样的认识方向，难以把握事物原本的复杂性、丰富性和整体性。

---

[1] 刘长林：《中国象科学观：易、道与兵、医（修订版）》上，社会科学文献出版社，2008年版，第56页。

2．事物在自然的非人为控制的运变过程中，会受到难以计数、难以预测的众多因素的影响，具有不确定性和多种可能性。而抽象思维所获得的本质和规律，只能将诸多不确定性排除才能发现它们，这些本质和规律也只能在某种特定的限制条件下才能直接完整地显示作用，比如实验室。

3．抽象思维总是于个别中获得一般，所以只能把握事物的类别性，不能把握事物的特异性。

4．抽象思维以主体和客体的尖锐对立为基础，而宇宙的无限性要求必须将主体包容在内，个别对象的完全整体性也应涵盖对象与主体的关系，而抽象思维无法克服这一矛盾，它必须假设一个纯粹客观世界的存在。

5．坚持主体与客体相对立的思维模式，在对事物定格、切割、分解、提取和重新组合时，必然造成事物本始状态的破坏，这是现代生态破坏的深层次根源。

6．以空间为主、坚持主客对立的抽象思维，以及与其紧密联系的控制性实验科学，会在无形中强加给人类一种为满足自己需要，征服控制对象事物的意识，15世纪以来世界战争频发，都与这种思维方式有一定的联系。[1]

　　从刘长林先生的论述中我们不难发现，西方抽象思维只有在研究对象可以被还原为简单事物时才有效，当人类面临越来越复杂的自然和社会环境时，西方抽象思维以及建立在抽象思维基础上的西方学术范式的局限性立刻就会凸显出来（也会产生诸多负面效应），这首先体现在西方人文领域所谓的"专家失效现象"，然后是西方科学面对地震等自然灾害以及医学众多问题时表现的无能为力。

　　而中国学者在地震预报和中医等领域取得的杰出成果告诉我们，建立在意象思维基础上的中国古典学术在理解现实方面不是模糊，而是更为精深。因为意象思维在本质（比如震源和病源）难以发现、控制的情况下，能够通过研究诸现象之间的关系对世界进行分析和干预。这有点像中国画，如果距离（本质）太近，画的整体意境反而无法领会了。

　　另外，我们从中国人表达思想的工具——汉字身上也能明显看出意象思维能更深入、准确地理解和表达现实世界的特点。

　　同中医一样，汉字也是建立在意象思维的基础上的，在我们的先贤看来，汉字象形的特点比记音的拼音文字更有利于表达思想，即尽

---

[1] 刘长林：《中国象科学观：易、道与兵、医（修订版）》上，社会科学文献出版社，2008年版，第53~55页。

意。因为汉字本身常常就是一幅抽象的画,它显然比表音的西方文字更能准确、简洁、稳定地表达人类思想。比如我们对从来没有见过马的美洲印第安人介绍马,即使说很多话,也不如画一个马的像给他,这样他就会对什么是马有更为深刻的理解——而中国字就是用具体形象对现实世界所作的编码系统。

南宋代大儒朱熹说:"言之所传者浅,象之所示者深。"(朱熹《周易本义·卷三》)西方拼音文字示言,所以表意浅显,中国象形文字示象,所以表意深刻!

在人类文明传承过程中,汉字(以及汉字写成的文言文)可能比四大发明具有更为深远的历史意义。受西方语言学的影响,现代许多学人唯西方马首是瞻,几乎将汉字等同于原始图画文字了,明明它比西方拼音文字能更深刻地表达人类思想,也是人类仅存的高度发展的象形文字啊,我们哪能不百倍呵护呢?悲夫!

从表达思想的工具文字到科学范式,中国人重意象轻抽象的思维特点一以贯之,它能更精深地理解和表达现实世界。在此意义上,中国古典学术不仅不落后,而且更为先进。

二、重事变而轻言理

清代著名学者费密重实学,反对明末空疏学风,对宋明理学亦多有批判。他在《先王传道述》中极论空言高论之害,他说:"自宋以来,天下之大患,在于实事与议论两不相侔,故虚文盛而真用薄。儒生好议论,然草野诵读,未尝身历政事,执固言理,不达事变,滞古充类,责人所难。"

费密对宋明学风的"执固言理,不达事变"的批评,用于分析东西方学术特点再恰当不过了。即西学重言理而轻事变,中国重事变而轻言理,这也是长期以来中国学人反对记问之学,口耳之学,注重实践——行的重要原因。

西方学术体系重言理而轻事变与其倾向抽象思维有关。因为抽象思维在对现象进行概括时,习惯于用静态的本质取代动态的整体,在完成概念定义和公设之后,进行缺乏质变的逻辑推理。这样的学术范式特别容易造成学术的经院化,成为一种理论上自恰而毫无用处的知识体系,成为知识分子在象牙塔中的玩物——典型的就是现代西方经济学。

而中国学术不是这样,它重事变而轻言理。其概念定义在象形文字、名词创始阶段就基本上已经完成,所以《说苑·修文》说:"圣人作名号而事义可知也。"《论衡·奇怪篇》也说:"苍颉作书,与事相连。"而《说文解字》这类词典有对名词的更详尽解释。

正因为中国学术重事变,力求达于事变,所以它涉及的问题没有"标准答案",在传授上也没有工业批量生产式的大学教育。中国先哲崇尚根据不同的环境,不同的对象,为现实问题寻找解决方案。

我们看古籍中孔子答"问仁""问政"时，其答案极其不同，这曾引起孔子著名弟子子贡的困惑。如果放在现代大学里，因为缺乏标准答案，恐怕孔子连教职都谋不上了，但这正是中国学术具有数千年生命力的根本原因所在。

《说苑·政理》记载说，有一次，子贡问孔子："叶公向夫子您请教治理国家的方法，您说：'治理国家在于使附近的人亲近你，使远方的归顺你。'鲁哀公向您请教治理国家的方法，您说：'治理国家在选择大臣。'齐景公向您请教治理国家的方法，您说：'治理国家在于节省支出。'三个国君向夫子您都是问的治理国家的方法，您的回答却各不相同，既然这样，那么治理国家可以用各种不同的方法吗？"孔子回答说："荆这个地方土地辽阔，城市狭小，人民缺乏凝聚力，所以说治理国家在于使附近的人亲近，使远方的人归顺。哀公有三个大臣，他们对内结成党羽来迷惑君王，对外拒绝诸侯宾客，闭塞君王耳目，所以说治理国家在于选择大臣。齐景公花巨资建筑楼台亭榭，在苑圃里放纵行猎，感官享受夜以继日不停息。顷刻之间就把三个百乘之家赏赐给人，所以说治理国家在于节省开支。这三种都是治理国家的方法，《诗经》上不是说了吗？'乱离给人民带来痛苦，什么地方才是他们归宿。'这是哀伤民众离散造成祸乱。'他们没有尽到职责，造成了君王的过失。'这是哀伤奸臣蒙蔽君王造成祸乱。'社会混乱、国库空虚，没有东西抚恤百姓。'这是哀伤铺张浪费不节约造成祸乱。仔细考察以上三种情况的需要，治理国家的方法怎能相同呢？"（原文：子贡曰："叶公问政于夫子，夫子曰：'政在附近来远'，鲁哀公问政于夫子，夫子曰：'政在于谕臣'。齐景公问政于夫子，夫子曰：'政在于节用'。三君问政于夫子,夫子应之不同,然则政有异乎?"孔子曰:"夫荆之地广而都狭,民有离志焉,故曰在于附近而来远。哀公有臣三人,内比周以惑其君,外障诸侯宾客以蔽其明,故曰政在谕臣。齐景公奢于台榭,淫于苑囿,五官之乐不解,一旦而赐人百乘之家者三,故曰政在于节用,此三者政也,诗不云乎:'乱离斯瘼,爰其适归',此伤离散以为乱者也,'匪其止共,惟王之邛',此伤奸臣蔽主以为乱者也,'相乱蔑资,曾莫惠我师',此伤奢侈不节以为乱者也,察此三者之所欲,政其同乎哉!")

在中国学术体系中,不仅面对现实问题没有现成的答案,即使被奉为"圣经",指导中国人实践千载的文化原典五经,先贤也反对一成不变的解释——有时甚至字面意思相反,但放在具体环境中却又完全合乎情理。

《说苑·奉使》开篇即指出,《春秋》上的辞句,意思相反的有四处:既说大夫不能专权做事,不能擅自生发事端;又说出国后,凡是可以稳定社会有利于国家的事,都可以专权处理。既说大夫奉君王命令出使,如何处理事务由大夫掌握;又说奉君王命令出使,听到国内有丧事要慢慢走而不能折返。这是为什么?应该说,这四句话各自限定在它们的范围内,不能互相混淆。不能擅自生发事端,是指一般情况下的原则;允许专权,是指在解救危难免除祸患的事情上。如何处理事务由大夫掌握,是指在将帅领军作战时;慢慢前行不能折返,是指在出使的路上听到国君父母亡故的消息时。公子结擅自生事,《春秋》不责备他,认为他解救了庄公的危难。公子遂擅自生事,《春秋》责备他,因为僖公没遇到危险的事情。所以君王遇到危难而不自主去解救,是没有尽忠;君王没有危难而擅自生事,是没有恪守做臣子的本分。所以古书上说:"《诗经》没有一成不变的解释,《易经》没有一律吉祥的卦爻,《春秋》没有固定通用的义理。"说的就是这种情况啊。(原文:春秋之辞,有相反者四,既曰大夫无遂事,不得擅生事矣。又曰:出境可以安社稷,利国家者则专之可也。既曰:大夫以君命出,进退在大夫矣。又曰以君命出,闻丧徐行而不反者,何也?曰:此义者各止其科,不转移也。不得擅生事者,谓平生常经也;专之可也者,谓救危除患也;进退在大夫者,谓将帅用兵也;徐行而不反者,谓出使道闻君亲之丧也。公子子结擅生事,春秋不非,以为救庄公危也。公子遂擅生事,春秋讥之,以为僖公无危事也。故君有危而不专救,是不忠也。若无危而擅生事,是不臣也。传曰:"诗无通诂,易无通吉,春秋无通义。"此之谓也。)

反映在现实操作层面,中国人重实践而轻学理,强调知与行的统一。《说苑·反质》记载的一则故事形象地说明了这个道理:子贡问子石:"你难道不学《诗经》吗?"子石说:"我哪里有空呢?父母要求我孝顺,兄弟要求我友爱,朋友要我讲信义,我哪里有空呢?"子贡说:"我要丢掉我的《诗经》,跟你学习了。"(原文:子贡问子石:"子不学诗乎?"子石曰:"吾暇乎哉?父母求吾孝,兄弟求吾悌,朋友求吾信。吾暇乎哉?"子贡曰:"请投吾《诗》,以学于子。")

中国古典学术体系是动态的,与事俯仰,与时进退,微妙如此,伟大如此,难怪孔子感叹:"可与共学,未可与适道;可与适道,未可与立；可与立，未可与权。"《论语·子罕篇第九》（刘向《说苑·权谋》引为："可与适道，未可与权也。"），这段话大意是说："可以一起学习的人，未必都能学道；能够学道的人，未必能够坚守道；能够坚守道的人，未必能够随机应变。"

如果将西方重静态言理的学术体系比作一张传统的交通图，那么中国重事变的古典学术体系就如同现代的 GPS 导航系统，它能够根据一个人（车）所在的位置动态地指引前进方向——作如是观，二者哪个先进，哪个落后，当一目了然。

三、重统一而轻支离

中国古典学术体系第三个显著特点是重统一而轻支离，会通百家，通儒是中国知识分子孜孜以求的目标。在中国传统学术的语境中，"支离"本身就是贬义词，至清代依然是这样。梁启超先生论太平天国运动后思想学术趋向时，第一条为宋学复兴，他论汉学，仍用"支离破碎"一语。他说："乾、嘉以来，汉学家门户之见极深，'宋学'二字，几为大雅所不道，而汉学家支离破碎，实渐已惹起人心厌倦。罗罗山泽南、曾涤生国藩在道、咸之交，独以宋学相砥砺，其后卒以书生犯大难成功名。他们共事的人，多属平时讲学的门生或朋友。自此以后，学人轻蔑宋学的观念一变。"[1]

---

[1] 梁启超：《近三百年学术史》，东方出版社，2003年版，第27~28页。

又，南宋陆九渊讥朱子诗亦云："简易工夫终久大，支离事业竟沉浮。"这里的"简易工夫"指从本心下手，修道进德，而"支离事业"即章句训诂之类文字功夫。

但在西方学术界，受工业分工不断细化的影响，其学术早已完全碎片化，有些西方大学的专业名称令人费解，其学科之间概念体系和理论体系几乎完全相互独立。而中国学术不是这样，尽管先秦有诸子百家，但诸子在形式上共享概念体系，在内容上皆重大道。

以中医为例。在中医原典《黄帝内经》中，作者从各个方面谈医学，其中亦包括政治经济学内容。笔者曾作《〈黄帝内经〉中的中国古典政治经济原则》一文加以阐发。[1]

刘力红教授也指出，《黄帝内经·素问》是从不同的学术角度来谈医学的。在其一版再版的《思考中医》中刘先生写道："《素问》里面有很多的医学模式，有生物的医学模式，有宇宙的医学模式，有心理的医学模式，也有社会的医学模式。这个'灵兰秘典论'就是从社会的角度来谈医学。从这个角度上述的这个南方、这个心有什么意义呢？论曰：'心者君主之官，神明出焉。'君主之官是一个什么概念呢？我想大家都很清楚，如果就一个国家言，在美国就是总统，在中国就是主席。一个主席，一个总统，他对国家的关键

---

[1] 翟玉忠：《中国拯救世界：应对人类危机的中国文化》，中央编译出版社，2010年5月，第160~162页。

性、决定性作用,这个不用多说。所以,《素问·灵兰秘典论》在谈完十二官的各自作用后总结说:'凡此十二官者,不得相失也。故主明则下安,以此养生则寿,殁世不殆,以为天下则大昌。主不明则十二官危,使道闭塞而不通,形乃大伤,以此养生则殃,以为天下者,其宗大危,戒之戒之!'主明则下安,君主之官明,则整个身体,整个十二官就会安定,用这样的方法来养生,你就会获得长寿。所以,你要想把身体搞好,要想长命,就是要想方设法使这个主明。历史的经验更是这样,我们回顾几千年的历史,哪一朝哪一代遇上明君,天下就安定,老百姓就得利。如果遇到昏君当道,那自然天下大乱,百姓受苦。"[1]

进而言之,在中国学术体系中,医学的概念体系与政治学的概念体系完全是可以互换、互通。因为心,即君主的重要,中医才有"上治性,下治病"之说。而这里的"性",又涉及百家皆言的大道——百家殊途而同归,正是归本于此。《周易·系辞下》云:"天下同归而殊途,一致而百虑。"

但在战国时代,中国学术似乎就有了现代西方学术式的支离碎片化趋向,这引起了当时学人的警觉。《文子·精诚篇》说:"著于竹帛,镂于金石,可传于人者,其粗也。三皇五帝三王,殊事而同心,异路而同归。末世之学者,不知道之所体一,德之所总要,取成事之迹,

---

[1] 刘力红:《思考中医:对自然与生命的时间解读》(第3版),广西师范大学出版社,2006年版,第167页。

跪坐而言之，故博学多闻，而不免于乱。"这段话大意是说，书写在竹帛上，雕刻在金石上的东西，可流传于人的，都是其大概，也即有为之功。三皇五帝三王，每个帝王生活的历史时代不同，遭遇到的事情不同，但他们治国理民的思路却是先后一致的，治国理民的手段不同，但目的、结果却是相同的，殊途而同归。末世的学者们，不知道体现道的精髓是"一"，以及德的总要，取前人所遗留下来的完整做法和主张，端坐论道，虽然博学而多闻，由于是有为而治，所以不免陷于混乱之中。

《庄子·天下篇》感叹："是故内圣外王之道，暗而不明，郁而不发，天下之人各为其所欲焉以自为方。悲夫！百家往而不反，必不合矣！后世之学者，不幸不见天地之纯，古人之大体，道术将为天下裂。"大意是说：所以内圣外王的道理，幽暗不明，抑郁不发，天下的人各自以自己想法为自己的学术。可悲啊！百家皆各尽迷途而不知返，也就不能合于大道了！后世的学者，不幸在于不能看到天地的纯真，不能看到古圣人的全貌，道术将要为天下所割裂。

值得庆幸的是，西汉中国学术又重新集成于黄老之学。尽管后来儒家逐步取得独尊地位，但依托五经这类统一的西周王官学，中国学术也没有碎片化。从西汉司马迁到近人钱穆，两千年来会通诸学为中国学人普遍推重。

中国学术达于事变，统于大道，这是人类文明史上其他学术所不可比拟的。数百年来，从数学到科学，西方学界对学科体系的内部统一也曾作长期的努力,但显然还需要相当长的路要走——哥德尔定理甚至从理论上否定了西方数学统一的可能性。

西方贤哲孜孜以求的学术理想,中国通过完全不同的学术路径早已实现。而今天的中国学人普遍认为中国古典学术体系落后,西方现代学术体系先进,岂不怪哉!?

综上所述,中国古典学术体系不是落后而是先进——明矣!

后记

试论中国本土经济学的建设

从 20 世纪 90 年代中期开始,随着中国改革开放的成就越来越为世人所瞩目,国内一些经济学者不再满足于西方政治经济学不断误读、误判中国经济现实,开始公开讨论中国本土经济学的建设问题。

今天,我们回顾过去近二十年的中国本土经济学建设路程,其中仁者见仁、智者见智,总体上可谓雷声大,雨点小。不仅西方经济学的本土化尝试没有显著的成果,基于中国现实的经济理论建设,除了中国模式和中国道路这样模糊的概念之外,其成绩亦乏善于陈。

一、中国本土经济学建设中的拿来主义

中国本土经济学的建设理路无非有两种,一种将外来的经济学拿来,并将这种经济学中国化。笔者认为,在这一方向上,20 世纪 80

年代以前，在中国革命和建设过程中，对西方舶来的马克思主义政治经济学的**本土化最为成功**。以陈云、薛暮桥为代表的这一代经济工作者，不仅基本解决了中国十几亿人的温饱问题，还通过自身的积累建立起了相对完善的工业体系。没有通过西方式的野蛮掠夺实现工业化，这简直是人类政治经济史上的奇迹。无论在理论上，还是在实践上，都有太多可圈可点之处。

不幸的是，20世纪80年代以后，随着改革开放的深入，一种经济学上全盘西化的思潮在理论界漫延开来，他们不顾中国现实，一味照抄西方经济学教科书——政府不按照他们的本本去做，他们就骂政府改革不到位；普通民众的生活受到了他们本本主义的伤害，这些人就劝百姓忍受"改革的阵痛"，言外之意，阵痛之后，就会有幸福的"胖娃娃"诞生。问题是，百姓等来的只是高涨的房价和越来越少的发展机会。于是20世纪初反思改革的声音不断，媒体开始公开抨击这些经济学家，一段时间，他们尽乎成了人人嚷打的老鼠。这些人最大的成绩是几乎垄断了大学经济学课程，并通过师—生链条将迷信西方的新蒙昧主义广泛传播出去。至少在今天看来，这种趋势是难以抑制的，因为我们还没有足够的力量用中国本土经济学代替翻译过来的、与中国现实几乎无关的当代西方经济学教科书。

那么过去二十年来全面引入西方经济学为何注定会失败呢？笔者认为以下几个方面的原因最为关键：

首先是经济学不同于自然科学，经济社会本身就是一个极为复杂的系统，经济学不可能在不同的文化背景中具有普世性。比如说日本，它"脱亚入欧"很早，但其经济理念与当代西方主流经济学教科书阐述的经济学理论完全不同，整体上更接近于"社会主义"。日本经济学家更注重从现实出发解决实际问题，这也是日本经济能够长期领先世界的一个重要原因。

其次是中国的消费习惯与西方迥异。20世纪，随着西方消费主义的兴起以及西方生活方式的全球化，中国传统勤俭持家、勤俭建国的消费传统遇到相当大的冲击，但这种观念在现实生活中仍有巨大的影响力，特别是在中国福利体系尚处建设过程中的情况下——我们储蓄率高就是一个明证。大家知道，消费是经济学中的一个基础概念，如果消费习惯不同，必须影响到诸多经济政策的现实效果。

最后是中国具有与西方社会完全不同的经济传统。比如中国从周代起就坚持土地国有（百姓经营）、盐业专卖，市场经济，其间也有过大的政策变化，甚至还"剪过资本主义尾巴"，但这类政策持续时间都较短，又马上恢复了常态。再比如，中国有大量国有企业，所以市场对利率的敏感度就与西方以私营企业为主导的经济体系迥异，后者对利率的涨落显然更为敏感。

二、基于现实经验的中国本土经济学

中国本土经济学建设的另一种方式基于中国人在数千年经济生活中积累的丰富实践和理论成果，于其中融会贯通，在西方经济学由于其范式内在的影响已经远离经济现实的的大背景下，开拓出一种崭新

的经济学来。笔者认为,基于现实经验的中国本土经济学需要充分汲取以下三种思想资源:

一是中国古典经济学轻重之术。轻重之术有如中医中的《黄帝内经》,其理论基础代表了人类经济活动的一般原理,并不会因为时间的流逝而褪色。我们绝不能因为它成熟于战国时代,就认为建设中国本土经济学时,不再需要将之作为重要的思想资源。或者以我们生活于工业时代为由,就抛弃轻重之术。持这种观点的人看不到,难道工业时代的市场性质与农业时代的市场性质有本质的区别吗?工业时代的货币与农业时代的货币有本质的区别吗?没有啊!想一想,如果我们在中医中抛弃了《黄帝内经》,中医会变成什么呢?

常平仓政策是一种典型的轻重之术,在 20 世纪 30 年代由时任美国副总统的华莱士引入美国后,直到今天它仍然是美国农业政策的基础。不幸的是,常平仓制度在中国早已经鲜为人知。1943 年,当蒋介石的夫人宋美龄到美国筹集抗日战款时,罗斯福总统曾亲自告诉她美国的农业政策"部分"(实际上是"核心")来自中国,竟搞得宋美龄一团雾水。华莱士在 1943 年 2 月 25 日的日记中记下了当天会谈的内容,华莱士写道:"蒋夫人告诉我她对农业是多么地感兴趣,她已经听总统讲,我们的农业计划部分根据的是中国哲学。然后我就告诉她我是如何从一本书,《孔子的经济原理》得到'常平仓'概念的。"[1] 这里华

---

[1] 李超民:《中国古代常平仓思想对美国新政农业立法的影响》,《复旦学报》(社会科学版),2000 年第 3 期。

后记 试论中国本土经济学的建设

莱士说的《孔子的经济原理》,指陈焕章博士的《孔门理财学——孔子及其学派的经济思想》一书,英文名是"The Economic Principles of Confucius and His School",原书由美国哥伦比亚大学1911年出版,笔者和美国的陆寿筠先生合作译出了中译本,该书由中央编译出版社2009年10月出版。

史学家钱穆对国人这种数典忘祖的行为大为恼火,他讲了这样一则故事,文中他说的"汉代的平准制度"实际上就是常平仓。"汉代的平准制度,此乃一种调整物价的措施。此制度在中国历史上不断变通运用。即如粮价一项,遇丰年时,政府以高价收购过剩粮食,以免谷贱伤农。待到荒年季节,政府便以低价大量抛售积谷,寓有赈济贫农之意。此项制度,随后由社会上用自治方式推行,即所谓社仓制度。据说美国罗斯福执政时,国内发生了经济恐慌,闻知中国历史上此一套调节物价的方法,有人介绍此说,却说是王荆公的新法。其实在中国本是一项传统性的法制。抗战时期,美国副总统华莱士来华访问,在兰州甫下飞机,即向国府派去的欢迎大员提起王安石来,深表倾佩之忱。而那些大员却瞪目不知所对。因为在我们近代中国人心目中,只知有华盛顿、林肯。认为中国一切都落后,在现代世界潮流下,一切历史人物传统政制,都不值得再谈了。于是话不投机,只支吾以对。"[1]

钱穆是一代史学大家,学识之渊博,令人惊叹,但在写《如何研

---

[1] 钱穆:《中国历史研究法》,生活·读书·新知三联书店,2001年版,第30~31页。

究经济史》时竟然也没有提到轻重之术，甚至连《管子》这本书都没有提到，研究中国经济思想不提《管子》轻重诸篇，足见中国本土经济理论实在被人遗忘太久！[1]

除了农业政策，中国古典经济学轻重之术也深深影响了美国的金融政策，最重要的当属美国联邦存款保险公司（Federal Deposit Insurance Corporation，FDIC）的建立。作为美国国会建立的独立联邦政府机构，联邦存款保险公司通过为存款提供保险、检查和监督金融机构以及接管倒闭机构，来维持美国金融体系的稳定性和公众信心。FDIC 成立于 1933 年，1934 年 1 月 1 日开始提供存款保险。FDIC 总部位于华盛顿，并在亚特兰大、芝加哥、达拉斯、堪萨斯、纽约、波士顿、旧金山设有分支机构。

美国联邦存款保险公司的最初制度原型是清代广州十三行的"保商"制度，通过将连带责任制度应用到经济领域，这些行商不仅承担约束外商、保证关税上缴等责任，还在行商之间有连带责任，假如一行倒闭，全体行商都要共同分担其债务，包括对外商的债务。荷兰汉学家包乐史明确指出，这种制度是 1829 年纽约设立"安全基金"的样板——而"安全基金"是世界上最早的银行存款保险计划之一，也是美国联邦存款保险公司的雏形。在"安全基金"的倡导者佛门写给时任纽约州长的马丁·范布伦的一封信中，佛门对这一制度进行了说明："让银行对彼此而言变得可以信赖的适当性，可以从广州的行商身上看出

---

1 钱穆:《中国历史研究法》，生活·读书·新知三联书店，2001 年版，第 57~74 页。

来。在那里,一群各自行动的人,在政府的允准下拥有与外国人交易的排他性权利,同时在彼此生意失败时,对彼此的债务是可依赖的……这个抽象的公平原则已经经过了70年的现实考验,而在其下行商的连带已经获得了全世界的信任,没有任何安全措施可以超越它。将这个原则调整并使其适应我们共和体制的温和特质,就成了这个系统(译按:指"安全基金"制度)的基础。"[1]

轻重之术解决中国问题是有效的,解决美国的问题也是有效的;轻重之术解决过去了的问题是有效的,解决未来的问题也是有效的——因为一阴一阳之大道是超越时间和空间的!

二是中国革命和建设的经济理论和实践。在中国革命血与火的长期斗争中,在中国工业化建设的长期实践中,一种将中国实际与马克思主义政治经济学相结合的经济学树立了起来。多年来其成就长期被人忽视,倒是那些靠翻译西方经济学著作的"鹦鹉知识分子"成了经济学家,经济学名流!

中国革命和建设的经济理论和实践中有太多革命性的经济学理论,这里我们仅指出其中最为重要的成果。首先是综合平衡思想,这是中国工业化过程中最重要的理论之一,它将国民经济视为一个有机的整体,认为各个经济部门、社会再生产的各个环节之间是紧密联系、互

---

[1] 包乐史著 / 赖钰匀、彭昉译:《看得见的城市:东亚三商港的盛衰浮沉录》,浙江大学出版社,2010年版,第61~62页。

相制约、互为条件的，只是实现了经济系统整体上的动态平衡，经济才会获得长期稳步快速的发展。综合平衡思想实际上是均平原则在现代工业大生产时代的具体应用，是轻重之术这一经济学的"经"在现代的表现形式。

一生从事经济工作的薛暮桥在其影响力巨大的著作《中国社会主义经济问题研究》中指出："综合平衡是我们计划工作的首要任务。我们在扩大地方特别是企业自主权的时候，必须同时抓紧全国财力物力的统筹安排，保证生产与需要之间的平衡。综合平衡的根本任务，是正确安排国家建设和人民生活（积累和消费）的关系，反映这种关系的农业、轻工业、重工业之间的关系，以及这些部门内部的比例关系。这些关系是非常复杂的，我们搞综合平衡，不可能一个一个地抓成千上万个实物指标，而只能是提纲挈领，着重抓几个主要指标。具体来说，首先是抓财政平衡、信贷平衡，其次是抓产品供需总量（社会产品总产值）的平衡。在扩大了国际经济联系以后，还要加上一个外汇平衡，即国际收支平衡。"[1] 近二十年来，我们迷信西方以及西方戴着经济学专家面具的政客和间谍，外汇收支严重失衡，积累了太多的外汇——不知什么时候，中国才能消化完这颗苦果！

另外，在对货币的认识上，中国社会主义的经济学家们坚持轻重之术的资币平衡理论，不通过金银，将人民币同各类产品直接联系起

---

[1] 薛暮桥:《中国社会主义经济问题研究》，中国人民解放军战士出版社，1980年版，第168页。

来，从 20 世纪 50 年代至 80 年代初，物价稳定维系了三十年以上，为中国建设创造了良好的金融环境，其成就是巨大的和伟大的。特别是在抗日战争和解放战争中，在同日币和法币的斗争实践中发现了纸币时代"良币驱逐劣币"的规律，这一发现对于人类经济史来说都是革命性的。[1]

薛暮桥对迷信西方的"拜金主义"，即人民币一定要同黄金挂钩的观点批评道："我们的人民币可以不通过金银的中介，而同各类商品直接联系，办法是以若干种社会产品的综合物价指数来作检查币值的标准。我们在革命战争时期，各根据地就取得了用物价指数来检查币值的初步经验。新中国刚成立的时候，由于受国民党政府十多年恶性通货膨胀影响，人民对新发行的人民币还缺乏信心。我们曾经用粮、布、煤、油、盐五种商品的综合物价指数（当时称为"折实单位"）来作为发放工资和偿还债务的标准，收到了良好的效果。多年来，我们一直根据许多种主要产品的综合物价指数来作调整物价和决定货币发行数量的标准，从而保持币值和物价的稳定。不用黄金一种商品的价格，而用多种产品的价格（综合物价指数）来作检查币值高低的标准，是货币制度的新的发展。"[2] 人民币不仅不能同黄金挂钩，更不能同美元以任何形式挂钩。1994 年后，我国外汇占款大量增加，我们必须警惕！货币的本质是什么，人民币的本质是什么？在关系国家命运

---

[1] 薛暮桥：《薛暮桥学术论著自选集》，北京师范学院出版社，1992 年版，第 151~159 页。

[2] 薛暮桥：《中国社会主义经济问题研究》，中国人民解放军战士出版社，1980 年版，第 118 页。

的重大问题上,经济学家有责任作出明确的回答!

除了以上两种理论,在商品与货币的双向调节上,在行政管理工作与经济管理的相互关系上,中国本土的经济学家亦积累起了宝贵的实践经验,这里不再详述,感兴趣的朋友可以参阅薛暮桥先生的《中国社会主义经济问题研究》一书。

笔者在各种场合,不断强调改革开放是有理论准备的,不是纯粹的"摸着石头过河",这就是中国革命和建设的经济理论和实践。我们忽视它,就是忽视历史的现实,那就不再是"摸着石头过河",而是"闭着眼睛过河",那样会死人的!睁开眼睛看看现实吧,中国只会背诵西方经济学教条的经济学家们!

中国本土经济学建设需要汲取的第三种思想资源是西方现代经济学理论。在这方面我们一定要清楚,现实中西方经济学不同于西方政府的经济实践,西方政府在制定具体经济政策时,常常抛开自己的经济学理论,采取实用主义的态度——为了自己的利益,西方人甚至为其他国家"编造"经济理论,这点需要我们特别注意。

在西方世界,他们自己也在反思经济学的发展,比如其去政治化,去伦理化,过度数理化的现象,就引起了相当大的争论,近年来西方经济学界还发起了经济学改革运动。所以我们对五花八门的西方经济学理论不能盲从,只能作为参考——**从学术范式到学术概念,西方经济学理论对中国有用的我们要,有害的就坚决不要!关键是,我们要**

基于本土经验，脚踏实地，总结出能解释中国经济现象、为制定经济政策提供指导的本土经济学。

舶来的当代西方经济学好看而无用，这是过去二十年中国经济学界最大的教训。在充分吸取这一教训的基础上，我们才能走向中国经济学的新时代——学术最需要勇气，我们必须以海纳百川的胸怀，以壮士断腕的决心来建设符合中国伟大实践的经济学——历史和人民在注视着今天的经济学人！